Michaela Kuzmanovic
Helmut Schiller

Wildwuchs

Michaela Kuzmanovic
Helmut Schiller

Wildwuchs
Eine Kindheit in Köln

2. Auflage: März 2017
Copyright by © FischerLautner-Verlag GbR, Oktober 2016
Siemensstr. 22, 71254 Ditzingen
Telefon (0 71 56) 93 72 00
www.fischerlautnerverlag.de
Umschlaggestaltung, Satz, Layout und Druck:
Lautner. Druck und Medien, Ditzingen
ISBN 978-3-945718-04-9

Gewidmet meinem Liebsten S. K.

Die Autoren über ihre Zusammenarbeit:

Michaela Kuzmanovic: Im Sommer 2015, kurz nach meinem Umzug hierher nach G., war ich zum Weinblütenfest eingeladen. Das ältere Paar und ich saßen uns gegenüber auf Holzbänken unter einem Sonnendach. Schöner Blick ins Tal. Den Hang hinab die grünen Reihen der Rebstöcke. Die beiden waren offenbar Freunde oder Lebensgefährten, der Mann war zunächst ziemlich schweigsam.

Helmut Schiller: Wenn eine Frau allein in diese Kleinstadt zog, dachte ich, hatte sie Gründe, ließ etwas hinter sich. Ihr Blick war nachdenklich und abwartend. Ich schätzte sie auf Anfang, Mitte vierzig. Irgendwann im Gespräch bei Trollinger mit Lemberger sagte sie, dass sie ein Buch über ihr Leben schreiben wolle. Spontan sagte meine Freundin: „Der schreibt auch, der hat sogar einen Verlag für seine Bücher."

Michaela Kuzmanovic: „Langsam", sagte er, „langsam." Ich sah seine skeptische Miene und sagte kühn, fünf Seiten hätte ich schon geschrieben.

Helmut Schiller: Ich wusste, die meisten, wenn sie denn überhaupt beginnen, geben nach wenigen Seiten auf. Also sagte ich ihr: Schreiben Sie noch zehn, dann kann ich es mir mal ansehen. Wochen später las ich etwa ein Dutzend ausgedruckte Seiten. Erinnerungen an die Kindheit, wie in spontaner mündlicher Rede rasch niedergeschrieben, ohne Überarbeitung. Die Mängel übersah ich nicht, im Geiste strich und korrigierte ich sofort. Aber der Stoff reizte mich. Was sie zu erzählen hatte, war stellenweise erschütternd, auch kurios.

Michaela Kuzmanovic: Ich weiß, sagte ich, dass man das so nicht drucken kann, aber es gibt Ghostwriter. Die sind teuer, sagte er und schlug mir vor: Wir machen das gemeinsam. Als ich dann später bei unseren Treffen meine von ihm bearbeiteten Texte wiedersah, war ich verblüfft. Meine Gefühle und Gedanken waren authentisch, selbst die, die ich ihm weder aufgeschrieben noch erzählt hatte. Man spürte, er sah nicht nur das Kind, sondern die Frau, die ich jetzt bin. Ich sah mich selbst deutlicher. Er brachte überraschende Bezüge und Verknüpfungen in den Text.

Helmut Schiller: Ein solches Buch lebt ja vor allem von Tatsachen und Details und die sind alle von ihr. Ihre Erinnerungen sind sehr genau und die geschilderten Episoden sind genau jene, die ihre Lebensbahn markieren und sich ihrer Seele eingegraben haben. Manche Passagen ihrer Szenen habe ich fast unverändert gelassen.

Michaela Kuzmanovic: Was ich in wenigen Wochen aufschrieb, beschäftigte ihn über Monate.

Helmut Schiller: An einem Roman schreibe ich Jahre. Hier musste ich nichts erfinden, sondern nur die Erzählperspektive der erwachsenen Frau verstärken, sie zu Reflexionen „verführen". Bei einem Roman muss man alles erfinden und zwar so, dass die Leser glauben: So ist es gewesen. In diesem Fall ist es anders: Alles ist so gewesen, man darf gar nichts ändern, nur gestalten, vertiefen. Das schränkt auch ein, auf Dialoge muss man leider verzichten. Im Roman erweckt man Figuren und führt sie in ein Schicksal. Hier sind sie schon da, lebende Menschen. Man muss ihren Wegen, Gedanken und Gefühlen nur folgen können.

Michaela Kuzmanovic: Und schreiben können. Ich habe einiges gelernt.

Helmut Schiller: Die „Hauptfigur" offenbart sich einem ja selbst mit einem großen Vorschuss an Vertrauen. Dafür danke ich ihr.

Michaela Kuzmanovic: Und ich danke ihm fürs Durchhalten. Er ist ja nicht mehr der Jüngste. Aber ich habe das Gefühl, es hat ihm auch ohne Dialoge großen Spaß gemacht. Die Dialoge hatten dann wir – immer wenn wir uns trafen. Übrigens haben wir alle Namen bis auf die meiner engeren Familie geändert.

Inhaltsverzeichnis:

1. Das Kind vom Kohlehof 12
2. Familienzeit 16
3. Tränenzeit 21
4. Der Geruch der Parkhäuser – Luftballon Kommunion 28
5. Liebe italienisch Nr. 1 31
6. Spanien Nr. 1 34
7. Machtspiele 41
8. Ein kleiner Hund und ein Autounfall 46
9. Spanien Nr. 2 50
10. Die „lieben" Onkel 54
11. Wildwuchs 62
12. Mama war eine schöne Frau 66
13. Meine sanfte Rebellion 73
14. Parallelgesellschaften 77
15. Der Mann mit dem Blumenstrauß 82
16. Liebe italienisch Nr. 2: Du gehörst jetzt mir! 85
17. Verdorbener Nudelsalat – verdorbenes Kind? 88
18. Klein-Istanbul 92
19. Die große Liebe und der schnelle Tod 94
20. Das Blumenkind – Schule ade! 99
21. Liebe italienisch Nr. 3 102
22. Immer noch waren wir Kinder 105
23. Die Stimme der Natur 107
24. Mein Baby 112
25. Gefangen 118
26. Das Jugendamt gibt auf 121
27. Fast wie eine richtige Familie 123
28. Mama im Gefängnis 128
29. Mein realistischer Traum 133

Nun sitze ich hier, mit 47, und es drängt mich, über mein Leben zu schreiben und wenn es niemanden interessiert, so mache ich diese Reise ins Innere, in meine Vergangenheit allein für mich. Die kleine Stadt da draußen, in der ich seit Kurzem wohne, ist mir noch fremd. Werde ich hier bleiben? Hängt es einem ewig an, was man in der Kindheit erlebte? Scheitert man immer wieder? Unser Hightech-Unternehmen mit weltweiten Geschäftsverbindungen, das mein Mann und ich zwei Jahrzehnte erfolgreich führten, ist pleite, die Ehe geschieden und ich denke, seit ich hier gelandet bin, über meine Kindheit nach. Sind es die Erbanlagen, gegen die ein Aufstand zwecklos ist? Alles ist gescheitert und ich bin wieder ganz unten. Und fühle mich doch befreit von einer ungeheuren Last. Ich muss nicht mehr grübeln, wie ich nächsten Monat das Personal bezahle, sitze nicht mehr zehn Stunden kalkulierend am Computer, telefoniere nicht mehr mit Chinesen, Amerikanern und steige in keinen Flieger mehr. Ich kann wieder schlafen. Und nachdenken über das Kind, das ich war und immer noch ein wenig bin. Man bleibt derselbe Mensch. Mein Haar ist immer noch blond und ich habe es lang gelassen. Meine grünen Augen können immer noch blitzen, wütend und begeistert.

Oliver, mein jüngerer Sohn, er ist neunzehn, meint beim gemeinsamen Einkauf, mir schauten die Männer hinterher. Will er mir Mut machen? Mich trösten? Seltsam, ich höre das gern, obwohl ich sie oft auch gehasst habe oder verabscheut, „die Männer". Aber sie haben mich auch fasziniert, angezogen. Liebe? Ich weiß nicht. Natürlich auch. Aber es ist doch so: Wir kommen auf die Welt als die Hälfte eines Wesens. Die andere Hälfte, nach der wir später suchen, ist anders und uns fremd, aber unentbehrlich, anziehend und abstoßend. Wir verschmelzen nicht zu einem Wesen, für kurze Zeit scheint es manchmal so, im günstigen Fall wird eine Familie daraus. Aber selbst der Zustand Familie scheint sehr zerbrechlich. Wir suchen Zusammenhalt, machen das zu unserer Aufgabe. Und scheitern trotzdem. Gehört das zum Leben? Das Scheitern? Dann müssten wir lernen, damit fertig zu werden und es hinter uns zu lassen.

Ich habe zwei Söhne. Mein älterer Sohn Martin ist einunddreißig, sein Haar lichtet sich schon. Jetzt rechnet ihr? Ja, Leute, ich war mit vierzehn schwanger! Und als ich fünfzehn war, kam er auf die Welt. Zwei Söhne also, von zwei verschiedenen Männern. Als Martin ein Baby war, war ich selbst noch ein Kind, ein Kind ohne Obhut.

Meine Mutter war zwanzig, mein Vater einundzwanzig Jahre alt und ich war angeblich ein Wunschkind, als ich am 21. Oktober 1967, einem Donnerstag, um 8:55 Uhr auf die Welt kam, in Köln, im Klösterchen, Severinsviertel, ein kölsches Mädchen also.

Ein Neugeborenes weiß nichts von der Welt. Mit der Taufe bekommt man seinen Stempel, in meinem Fall katholisch. Bewusstseinsschübe kommen nach und nach und manchmal überschlagen sie sich, so dass ich heute in der Erinnerung noch Schwierigkeiten habe, dies alles zu ordnen.

Ein Jahr, 5 Monate und einen Tag nach mir kam meine Schwester Mary zur Welt als Frühgeburt, hatte kurz danach einen Nabelbruch, hat sich schnell davon erholt und sich auch danach wacker geschlagen – ein zähes Biest. Mary legt Wert auf diese genauen Zeitangaben. Vielleicht soll der kurze Abstand zwischen uns sagen: Wir sind fast gleichaltrig, ich bin nicht deine kleine Schwester.

Als Kind erfährt man allmählich, dass es schon vor einem selbst ein Leben gegeben hat, das Leben der Eltern – zwei verschiedene Vorleben. Aus einem dieser Vorleben hatte ich plötzlich einen drei Jahre älteren Bruder, geboren in einem Heim. Mama war siebzehn, als sie diesen Bruder, genau genommen diesen Halbbruder, gebar, der dann bei unserer Oma aufwuchs. Denn das Mädchen, das später auch meine Mutter war, musste noch im Heim bleiben.

Immer, wenn wir die Oma besuchten, besuchten wir auch ihn, Alfred, unseren Bruder Alli. Das gab uns ein wenig von dem, was wir oft vermissten: das Gefühl von Familie.

Unsere Mutter wurde nach meiner Schwester Mary noch zweimal schwanger, jeweils mit Zwillingen. Das erste Zwillingspaar wurde eine Totgeburt, das zweite ein Mädchen und ein Junge. Die erschienen, als ich drei Jahre alt war. Auch ihr Vater war nicht mein Vater, denn Papa saß zu dieser Zeit wegen schwerem Raubüberfall im Gefängnis.

Ich habe gehört, dass meine Mutter einmal versucht hat sich umzubringen, weil mein Vater sie verlassen hatte. Sie waren wohl dann geschieden, kamen später wieder zusammen. Mein Vater bestand aber darauf, die Zwillinge von dem fremden Mann zur Adoption freizugeben, was auch geschah. Ich war also umstellt von Leben und Tod und merkwürdigen halben und ganzen Geschwistern. Manchmal stelle ich mir vor, ich wäre mit allen Geschwistern in einer richtigen Familie aufgewachsen. Eine wunderbare Vorstellung, sieben Kinder – die toten mitgerechnet – und alle von einem Elternpaar, Vater und Mutter, wie schön wäre das gewesen.

Meine Eltern heirateten tatsächlich noch einmal, so waren wir doch noch irgendwie eine Familie: Mama, Papa, Mary und ich, sagen wir: eine Familie auf Zeit.

1. Das Kind vom Kohlehof

Ich erinnere mich, dass wir auf einem Hof gelebt haben, der auch ein Kohlelager war. Wir hatten ein kleines Hexenhäuschen mit einer großen Küche, einem Schlafzimmer und einem sehr kleinen Kinderzimmer. Da hinein passte neben einer Kommode nur ein Bett, in dem wir zusammen schliefen, Mary und ich. Wir waren uns also sehr nah, nicht nur räumlich, gleichsam unzertrennlich.

Uns gegenüber wohnten die Besitzer des Grundstücks. Daneben gab es für alle eine separate Waschküche mit Badewanne und Toilette. Nebenan in einem kleinen Häuschen lebte der alte Vater der Eigentümer. Manchmal hörten wir sein Rufen. Täglich kam seine Tochter aus ihrem Haus herüber, um sich um ihn zu kümmern. Einmal nahm sie die kleine neugierige Michaela mit hinein. Ich erlebte, wie sie mit ihm schimpfte, weil er wieder ins Bett gemacht hatte. So also waren alte Menschen, mussten gewindelt und gefüttert werden, ein Eindruck, der sich bei mir festsetzte, aber mit mir selbst nicht das Geringste zu tun hatte. Ich würde niemals altern.

Wir spielten oft auf dem großen Hof dicht an den Kohlebergen, Mary allein auch gern oben drauf. Manchmal, wenn sie dann zur Tür hereinkam, war das einzig Helle an ihr das Weiße ihrer Augen. Im Sommer haben wir die Badewanne aus der Waschküche geholt und sie als Pool benutzt. Rechts vom Hof befand sich das Spielzeuglager einer Firma. Ab und zu durften wir dorthin und mit einigen ausgesonderten Spielsachen spielen, kaputte Puppen, defekte Autos, eben Unverkäufliches.

Zu meinem kleinen Erlebnisbereich dieser frühen Kinderjahre gehörte auch die Wohnung von zwei für mich uralten Schwestern neben dem Lager. In ihrer Wohnküche war ich eingehüllt vom Dampf des Haferbreis, der auf dem verqualmten, rußigen Kohleofen blubberte, von Ausdünstungen ungewaschener Kleidung und Urin- und Wäschegeruch. Ich hielt das für den normalen Geruch alter Menschen. Ich war wohl aber ihr einziger Besuch. Niemand schien sich um sie zu kümmern.

Die nahegelegene Lackfabrik dem Hof gegenüber mit einem ganz anderen Eigengeruch war für Mary und mich ein beliebter Spielbereich. Auch an jenem heißen Sommertag, als der Parkplatz frisch geteert worden war und wir alle Türschlösser der Autos mit Teer zuklebten. Der Pförtner alarmierte Mama. Die scheuchte uns ins Häuschen, regte sich aber nicht sonderlich auf, als interessiere sie es nicht. In meiner Erinnerung war unsere Mutter schon damals unberechenbar, mal gleichgültig, ein andermal aufbrausend und zornig. Dann schrie sie uns fürchterlich an.

Nicht weit vom Hof lag eine ausgedehnte Grünanlage, darin zwischen großen Bäumen und Gebüsch ein Spielplatz, ein großes Wasserbassin mit Goldfischen und ein gemauerter Brunnen. Marys Interesse galt dort vorzugsweise toten Goldfischen. Gelegentlich schleppte sie auch eine tote Ratte an. In meiner Erinnerung war auch der eigene Tod dort sehr nahe, als nämlich das Kind in den Brunnen fiel. Das Kind war ich! Ich war auf den Brunnenrand hochgeklettert. Zu meiner Überraschung war der Brunnen bis obenhin mit Wasser gefüllt, dunkel und still, von geheimnisvoller Tiefe. Vor Schreck verlor ich das Gleichgewicht und fiel hinein. Zwei ältere Damen zogen mich heraus. Herbeigeschrien hat sie meine kleine Schwester, die eigentlich ich zu beschützen hatte. Ich war ohnmächtig, sie machten Mama ausfindig und als ich die Augen aufschlug, war ihr Gesicht über mir. Ich wusste nicht, was mich erwartet, Mamas Wut und Entsetzen über mich? Strafe? Dann aber sah ich ihre Erleichterung und hörte den Satz: Das hätte noch gefehlt: eine tote Michaela.

Auf diesem Spielplatz waren Mary und ich oft allein. Wir waren keine ängstlichen Kinder und doch wurde mir ein bisschen unheimlich zumute, als ich diesen Mann sah. Er verhielt sich seltsam. Er trug einen beigefarbenen Trenchcoat und kam langsam auf uns zu. Als er dann ziemlich nah vor uns stand, sah er sich um, ob jemand in der Nähe war, das fand ich schon bedrohlich. Auf einmal öffnete er den Gürtel und dann auch noch seinen Mantel. Darunter war er splitternackt. Von dem Anblick in Angst und Schrecken versetzt, ergriff ich meine Schwester an der Hand und wir rannten nach Hause. Ich schilderte Mama das Ereignis. Sie packte uns Kinder und lief sofort mit uns in den Park, sah ihn, zog sich im Laufen ihre Pumps von den Füßen, rannte auf den Mann zu und schlug mit ihren Schuhen auf ihn ein. Es ging alles blitzschnell und ich habe noch nie einen Mann so erschrecken und so schnell laufen sehen.

Die Polizei wurde nicht gerufen, wurde eher gemieden, als sei auch die gefährlich. Unser Schutz war Mama, wir brauchten sie, dieses Gefühl war damals tief in mir. Ich weiß noch, wie ich mit meinem Dreirad einmal die fünf Stufen, die zur Tür unseres Hexenhäuschens hinaufführten, mit Karacho hinunterfuhr, mich überschlug und heulend und blutend zu meiner Mutter lief. Zum Arzt ging man wegen eines Sturzes normalerweise nicht. Während sich Mama mein aufgeschlagenes Kinn anschaute und versuchte die Blutung zu stoppen, fühlten meine Finger ein Loch im Oberschenkel, groß wie ein Fünfmarkstück. Kein Schmerz dort, mein Finger tief in meinem Fleisch, eine merkwürdiges Gefühl. Als Mama es sah, wurde sie kreidebleich, was mir Angst machte. Wir sahen kein Blut, nur dieses weißlich-rosige Innere. Jetzt mussten wir doch ins Krankenhaus. Dass man so leicht und so tief verletzlich war, beunruhigte mich lange Zeit, auch wenn die Wunden im Krankenhaus schnell wieder genäht wurden.

Aus den wenigen Erinnerungen an den Kohlehof und das Hexenhäuschen erscheinen mir zwei weitere, eher fröhliche Bilder. Wenn der Kohlehofbesitzer mich auf seine Lieferfahrten mitnahm, ich in seinem MAN-LKW neben ihm sitzen durfte, sah ich ihm gebannt zu, wie er lenkte, schaltete, bremste und hupte. Ich blieb sitzen, während er draußen ablud. Wenn er wieder startete, lachte oder schimpfte er über die Leute, dabei verzog sich sein braungebranntes Gesicht und es zeigten sich lustige Falten.

Einer seiner Mitarbeiter nahm mich einmal mit auf eine Kirmes und fuhr dort mit mir Geisterbahn. Das war noch aufregender als die Kohlefahrten: Gespenster und Totengerippe, die auf mich zu kamen, so dass ich kreischte und mir der junge Mann wie ein guter Freund beruhigend die Hand auf die Schulter legte. Draußen aber war der Tod real und kein Spiel: Da stand ein Krankenwagen und ich sah zu, wie Sanitäter einen Mann behandelten, der wohl da drinnen einen Herzinfarkt erlitten hatte. Sie schafften es nicht und er ist unter ihren Händen gestorben. Ich sah, wie ein Mensch stirbt.

Abends im Bett neben meiner Schwester dachte ich an meinen Sturz in den Brunnen, sah mich sterben. Ich umarmte Mary. Sie schlief schon, sonst hätte sie mich abgeschüttelt. Aber nur so konnte auch ich einschlafen.

In diesen frühen Jahren habe ich Männer als gute Freunde und schützende Helfer erlebt, aber einen eben auch als bedrohliches Ungeheuer im beigefarbenen Trenchcoat. An meinen Vater in dieser Zeit habe ich keine Erinnerung.

2. Familienzeit

Als wir nach Buchheim umzogen, war ich noch keine fünf Jahre alt. Dort war auch mein Vater da. Erstmals kam ein bisher unbekanntes Gefühl in mir auf, ein gutes: Ich hatte einen Vater. Er brachte mir das Fahrradfahren bei. Auch bei meiner Einschulung im September 1972 war er dabei. Den Tag habe ich als ein großes, schönes Ereignis in Erinnerung. Alle waren da, Mama, Papa, Mary, die Oma mit unserem großen Bruder Alli, außerdem Tante und Onkel. Und die Schultüte voller Süßigkeiten. Wir wurden dann in die Klasse geführt, durften unsere Schultüte öffnen und gleich ging auch der Unterricht los. Für mich war es etwas völlig Neues, mit so vielen Kindern zusammen in einem Raum zu sitzen. Ich war kein Kindergartenkind gewesen und in dieser Umgebung sehr schüchtern. Zudem war die Lehrerin mürrisch und ernst, eine Frau, die nie lachte.

Aus welchem Grund erzähle ich, was andere Kinder so oder so ähnlich erlebt haben werden? Es hängt wohl mit meinem Vater zusammen. Kürzlich erst erzählte mir meine Tante, eine ältere Frau inzwischen, von dem Überfall eines Sondereinsatzkommandos der Polizei auf unser Hexenhäuschen, als sie meinen Vater wegen des schweren Raubüberfalls verhafteten. Ob geschossen wurde oder Blitz und Knall nur von dem draußen tobenden Gewitter kamen, konnte sie nicht sagen. Ich aber soll im Nachthemd im Bett gestanden und entsetzlich geschrien haben. Von da an, sagte sie, lebtest du mit dieser Phobie. Erst jetzt wurde mir klar, warum mich ein späteres Gewitter in Buchheim bis zur Erstarrung in Angst und Schrecken versetzte, draußen vor der Tür. Ein immens großer Blitz stand über mir, ja er stand. Und hinter mir die Tür war vom Wind zugeschlagen. Von da an flüchtete ich später bei jedem Gewitter wie eine Katze unters Bett oder in einen Schrank. Selbst die kleinen blauen Blitze in der Steckdose, das Entflammen eines Feuerzeugs, die Funken an Oberleitungen der Straßenbahn machten mir jahrelang Angst. Das hörte erst ganz auf, als das Mädchen erwachsen war. Und ich kann mir auch den ständig wiederkehrenden Traum erklären von zwei dunklen Männern, die in mein Zimmer stürmen. Ich schrecke jedes Mal mit einem Schrei im Bett auf.

In Buchheim erlebte ich die Gewalt ganz anderer Art. Eigentlich war es keine Schlägerei, denn ich schlug nicht zurück, als das fremde Mädchen auf dem Spielplatz mit Fäusten auf mich einschlug, völlig grundlos. Ich nahm nur die Arme schützend vors Gesicht, lief heulend nachhause, suchte Schutz bei Mama. Erbost und wütend zog sie mich zum Spielplatz zurück, nicht um Frieden zu stiften oder das Mädchen zur Rede zu stellen, sondern sie verlangte von mir zurückzuschlagen, jetzt, sofort. Ich sollte mich wehren und wenn ich das nicht täte, würde sie, meine Mutter! mir – ja mir! – eine runterhauen. Das war für mich schwer zu verstehen. Ich erinnere mich nicht an das Ende der Szene. Zurückgeschlagen habe ich nicht. Aber an das Gefühl gegenüber meiner Mutter erinnere ich mich gut: Als hätte sie mich verlassen. Ich war sehr einsam in diesem Moment.

Wenn ich heute ins Grübeln komme, geht es um diese frühe Zeit, um meine Herkunft. Dann schnappe ich mein Fahrrad und erkunde die kleine Stadt und ihre grüne Umgebung, bin wieder dieses Kind.

1973 zogen wir wieder um, in die Brüsseler Straße [FINKENBERG]. Jeder Umzug hatte wenigstens eine positive Seite für mich, er eröffnete mir stets eine neue kleine Welt. Unsere Eltern waren dort Hausmeister. Mary und ich hatten erstmals eine privilegierte Stellung: Wir durften als einzige auf dem Hof spielen, nur wir, die Kinder vom Hausmeister. Ich habe sehr gerne auf dem Hof gespielt, meistens alleine. Ich hatte dort einen kleinen Tisch mit Stühlen und spielte am liebsten Vater-Mutter-Kind. Meine zwei Puppen waren die Kinder, ich die Mutter, den Vater gab es auch – in meiner Fantasie. Der Fantasie-Vater ging nie fort, war immer bei uns. Ich besaß ein Frühstücksbrettchen, auf dem ein Junge und ein Mädchen abgebildet waren, die das gleiche Spiel spielten wie ich. Ich projizierte diesen Jungen vom Brettchen neben mich an den Tisch, er war der Puppenvater.

Dort in der Brüsseler Straße hatten wir unsere harmonischste Familienzeit. Vater arbeitete auf dem Großmarkt und brachte immer kistenweise Salat, Äpfel, Spinat und anderes Gemüse und Obst mit, Mutter war die ganze Zeit zuhause.

Einmal aber brachte Papa etwas Besonderes mit und machte es ganz geheimnisvoll. Er rief Mary und mich in die Küche. Vorsichtig packte er ein kleines schwarzes Wollknäuel aus seiner Jacke und legte es auf den Tisch. Ich erschrak, als es sich bewegte. Ein kleiner Hund. Leider war er nicht lange bei uns, wahrscheinlich, weil Mary und ich nicht wussten, wie man mit dem süßen Tier umgeht und was es braucht. Und unsere Eltern? Keine Zeit, sagten sie. Hatten wohl aber ebenso wenig Ahnung von der Aufzucht eines Hundebabys wie wir kleinen Mädchen. Der kleine Hund war eines Tages nicht mehr da. Es gab für uns Kinder keine Erklärung, kein Wort. Der Papa hatte nur an die Überraschung gedacht, keinen Schritt weiter. Für ihn war der Hund ein Spielzeug. Und es folgten weitere Überraschungen, Tragödien mit Todesfolge. Zwei Meerschweinchen starben wahrscheinlich an einer Bleivergiftung, weil Mary sie Bleistifte knabbern ließ. Meine zwei Tanzmäuse habe ich sehr geliebt, aber meine kleine Schwester meinte, die sollten aus dem Käfig raus und Karussell fahren, sie schleuderte sie am Schwanz im Kreis. Die eine starb sofort, die andere, nachdem Mary sie "zum Schutz" in einen Strumpf gesteckt hatte und dann den Strumpf herumschleuderte. Diagnose aus heutiger Sicht: Genickbruch. Ich war jedenfalls damals sehr traurig. Als die Zierfische meines Vaters lebendig im Klobecken landeten und hinuntergespült wurden, war ich geradezu entsetzt. Selbst einen Gecko hielten wir kurze Zeit. Er verbarg sich immer, lief weg, wenn man ihn einfangen wollte. Als ich einmal nach ihm griff und nur seinen Schwanz in der Hand hielt, schrie ich wie am Spieß. Papa lachte. Ja, er lachte, sein Grinsen sehe ich heute noch. Er hatte das Tier irgendwo besorgt, ohne die geringste Ahnung, wo und wie Geckos normalerweise lebten.

Nur einmal war es anders, das Tier kein Spielzeug. Auf dem Hof lag ein Vogel, vermutlich mit einem gebrochenen Flügel. Mama erlaubte mir, ihn mit in die Wohnung zu nehmen und ihn wieder aufzupäppeln. Ich sorgte emsig für Futter, das ich ihm anfangs in den Schnabel schob, reinigte sein kleines Gehege und kümmerte mich viele Tage um ihn. Als klar war, dass er wieder fliegen konnte, entließen wir ihn in die Freiheit und ich fühlte mich richtig gut.

Auch in der Brüsseler Straße hatten Mary und ich ein eigenes kleines Zimmer. Papa baute uns ein Hochbett in meiner Lieblingsfarbe grün. Jetzt lernte ich ihn anders kennen: Er konnte alles, hatte goldene Hände, ein richtig guter Handwerker. Das Bett war zwar noch nicht ganz fertig, aber wir wollten unbedingt schon darin schlafen, Mary unten, ich oben. Oben aber fehlte noch die Schutzstange. Doch ich war ja schon groß, bildete ich mir ein, so dass mir nichts passieren konnte! Ich wollte immer schnell groß und erwachsen werden, diese Selbstüberschätzung war wie eine Flucht nach vorn. Prompt fiel ich in der ersten Nacht aus dem Bett und verrenkte mir den Hals. Kein Genickbruch, aber ich konnte eine Weile meinen Hals nicht bewegen. Am nächsten Abend war die Stange montiert.

Dann baute uns Papa einen Kaufmannsladen. Ja, er war kreativ, praktisch und geschickt, unser Papa. Ich glaube, damals liebte er uns. Wir hatten alles: eine Kasse mit Geld, Lebensmittel, Getränke, Waschpulver, also alles, was dazu gehört. Ich habe den Laden geliebt und wenn mein Vater immer so gewesen wäre wie in dieser Zeit, hätte ich auch ihn für immer geliebt. So hätte ich ihn gern in Erinnerung behalten. Er hat oft mit uns Verstecken gespielt. Uh, war das immer schön gruselig, weil wir es im Dunkeln spielten und Papa es immer wieder schaffte, sich unbemerkt an uns heranzuschleichen und uns zu erschrecken. Ich habe mir fast in die Hosen gepinkelt vor Angst, konnte aber nie genug davon bekommen.

Manchmal weckte er uns mitten in der Nacht und wir durften die Boxkämpfe mit Cassius Clay (Muhammad Ali) ansehen. Ich fand das klasse. Mir war damals nicht klar, warum er uns dabei haben wollte. Wollte er sein Vergnügen nicht allein erleben? Wollte er unser Gruseln sehen? Oder sollten wir abgehärtet werden für das Leben? Auch King Kong oder Godzilla durften wir mit ihm anschauen. Natürlich fanden wir das toll: Nachts fernsehen, Sachen für die Großen und so spannend! Ich kann mich aber nicht erinnern, dass uns je einer Geschichten oder Märchen vorgelesen hätte. Kinderbücher besaßen wir nicht, auch sonst keine Bücher. Unsere Märchen liefen nachts im Fernsehen.

Wir durften auch jeden Sonntag ins Kino. Wenn wir dann wiederkamen, haben wir gemeinsam zu Mittag gegessen. Immer sonntags deckte Mutter ganz besonders stilvoll den Tisch wie in einem Restaurant. Manchmal wurden wir danach noch einmal ins Kino geschickt. Zweimal am Tag Kino, das war ja fantastisch! Sie waren uns dann los und haben sich wohl bei ihrem „Nickerchen" sehr vergnügt, was wir natürlich nicht wussten. Kinder haben ihre Art von Sex und prickelnder Neugier. Ich hatte eine Klassenkameradin, die Leonie. Oft waren wir zum Spielen bei ihr zuhause. Mit ihr hatte ich meine ersten sexuellen Erfahrungen bei unseren geheimen Doktorspielen. Wir betrachteten, verglichen und berührten uns an unseren intimsten Stellen, wobei uns niemand störte. Wir taten etwas, was man gefühlsmäßig nur heimlich tut, warum war nicht klar. Es war für Leonie aber so spannend, dass sie es weitererzählte, weshalb ich die Freundschaft mit ihr dann auch abbrach. Es ist keine schöne Erfahrung, wenn jemand ein Geheimnis preisgibt, so dass andere mit Fingern auf einen zeigen.

3. Tränenzeit

Nach dem Umzug in die Brüsseler Straße musste ich die Schule wechseln und kam in die Antwerpener Schule, die eine evangelische und eine katholische Seite hatte. Es gab offenbar zwei Sorten von Menschen, also auch zwei Eingänge. Ich fand das seltsam und hatte keine Erklärung dafür, schon weil sich die zwei Arten eigentlich nicht unterschiedlich verhielten.

Ich hatte hier am Anfang für eine kurze Zeit eine liebevolle Lehrerin, die Frau Schmidt, ging deshalb gern zur Schule, gab mir viel Mühe mit den Hausaufgaben – für Frau Schmidt und für die Glitzerbildchen, die man bekam, wenn man seine Hausaufgaben besonders ordentlich erledigt hatte. Ich hörte auch aufmerksam zu, meldete mich aber nie, auch wenn ich es wusste. Lesen und Schreiben gefielen mir. Dass ich da besser war als manch andere in der Klasse, das gefiel mir auch. Bald bekam ich aber eine andere Lehrerin. Wenn ich aufgefordert wurde, etwas zu sagen, hatte ich nur Leere im Kopf und wurde puterrot. Sie kam auf mich zu, ihr Zeigefinger berührte mich fast, ihr Blick ernst und drohend. Die anderen lachten dann.

Heute noch denke ich oft an Frau Schmidt, an eine Zeit, da mir das Lernen Spaß machte, wo man Regeln einhielt, sich Ziele setzte und wo ich gelobt wurde. Vielleicht wäre ich ein ganz anderer Mensch geworden, wenn sie immer meine Lehrerin geblieben wäre.

Den Sportunterricht fand ich grausam – bis auf Schwimmen. Obwohl ich das Seepferdchen nie geschafft habe. Ich konnte einfach nicht tief genug tauchen, mag es auch heute noch nicht. Und um es gleich hier zu sagen: Die vierte Klasse habe ich zweimal durchlaufen. Nicht wegen dem Seepferdchen, auch nicht wegen meiner Schweigsamkeit oder der Hemmungen, mich zu äußern. Sondern mein Leistungsabfall war auf eine sechswöchige Kur und die schwierige Situation zurückzuführen, nachdem Vater uns verlassen hatte.

Als erwachsene Frau habe ich sie oft vor Augen, meine Eltern, wie sie ganz oder zeitweise abwesend waren, wie abgetaucht oder untergetaucht. Vielleicht schon damals zu Seepferdchens Zeiten war ich darauf bedacht: Niemals in die Tiefe! Nie wieder in den Brunnen!

Noch aber waren sie beide da. Mama, wenn nötig, auch schnell zur Stelle. Als ich in der Nähe unserer Wohnung mit meinen Rollschuhen unterwegs war, erfasste mich ein Auto auf dem Zebrastreifen. Gerettet haben mich wahrscheinlich die Rollschuhe, sie rollten mich vom Aufprall weg wie von einer Startrampe, ich knallte gegen die Autotür eines VW Käfer. Der hatte am Zebrastreifen gehalten, der andere nicht. Meine Mutter hörte drinnen in der Wohnung den Rettungswagen, der mit Tatütata heranfuhr, um das bewusstlose Mädchen einzuladen. Ich wachte in dem Augenblick auf, als sie bei mir war, und fragte: Mama, bin ich jetzt tot? Ich war nicht tot, hatte nicht einmal eine Gehirnerschütterung, wie man im Krankenhaus feststellte. Ich durfte noch am gleichen Tag wieder nach Hause. Von da an wusste ich immerhin, was ein Schock ist.

Und unser kreativer Papa? Der wurde immer furchterregender. Einmal fuhren Mary und ich mit der Straßenbahn in die Innenstadt, wohin wir eigentlich nicht durften. Aber in unserer Familie gab es keine Kontrolle. Wir vergnügten uns damit, in der U-Bahn-Station die Rolltreppe rauf zu fahren, dann ging es die Treppen wieder runter und schließlich wieder mit der Rolltreppe nach oben. Das machten wir eine ganze Weile, rauf, runter, rauf, runter, bis Mary müde wurde und sich mit ihrem langen roten Mantel auf die fahrende Treppe setzte. Der Mantel verhedderte sich sofort in dieser Rolltreppe und riss. Ich höre heute noch das Geräusch des Zerfetzens. Die Treppe kam zum Stehen. Ein kleiner Menschenauflauf. Die Sache war prekär und peinlich. Der herrliche Mantel war hin, war in sieben Fetzen zerrissen. Mit diesen sieben Fetzen und großer Angst im Bauch landeten wir erst am Abend wieder daheim. Mama haben wir gleich alles gestanden. Wenn es der Papa mitbekommt, sagte sie, gibt es eine gehörige Portion Ärger. Dann kam er nach Hause, unser Vater. Wir hatten solche Angst. Das Wort Ärger war nichts anderes als ein Synonym für Prügel. Die Angst war so groß, dass wir ihm eine Lüge auftischten. Das machte alles noch schlimmer. Was für eine idiotische Geschichte erfanden wir in unserer Not! Mary sei mit ihrem Mantel an sieben Nägeln hängengeblieben. Papa sagte böse, er wisse, dass wir lügen, wir sollten ihm die Wahrheit sagen. Wir sagten die Wahrheit. Nun versohlte er uns den Hintern. Heute sage ich mir, er hätte laut auflachen können über das Märchen von den sieben Nägeln. Nein, er schlug zu. Das war kein Spaß und wir schrien beide vor Schmerz. Damals dachte ich, er verhaue uns, weil wir gelogen hatten. Heute weiß ich: Auch wenn wir sofort die Wahrheit gesagt hätten, hätte er uns verhauen. Man kann sich seine Eltern nicht aussuchen, andere Kinder hatten wohl mehr Glück. Er hat mich nicht zur Wahrheit erzogen, sondern sich später für mich als einer der größten Lügner und Betrüger entpuppt. Vielleicht aber hat er durch solche Ereignisse dafür gesorgt, dass ich ein wahrheitsliebender Mensch geworden bin.

Wir zogen bald wieder um, in die Maastrichter Straße, unser dritter Umzug. Die Wohnung war größer und wir hatten einen französischen Balkon, den man vom Wohnzimmer aus betreten konnte. Papa hatte wohl plötzlich mehr Geld. In dieser schönen Wohnung feierten wir unser letztes gemeinsames Weihnachten. Es ist mir noch sehr in Erinnerung. Wir waren alle im Badezimmer, Mama, Papa, Mary und ich, um uns festlich herzurichten. Ins Wohnzimmer kam keiner rein, das war abgeschlossen. Von dort aber läutete ein Glöckchen, obwohl da niemand sein konnte. Papa sagte, er gehe doch mal nachschauen, und verschwand. Er schien mit jemandem zu reden. Ich hörte, wie die Balkontür geschlossen wurde. Als er zurückkam, raunte er ernst und geheimnisvoll: Das war der Weihnachtsmann. Oh, war das schön, als ich noch an den Weihnachtsmann glaubte!

Prügel bekommen andere Kinder auch, wegbleibende Väter sind ebenfalls nichts Außergewöhnliches. Dennoch glaube ich heute, dass jetzt ein Einschnitt in mein und Marys Leben erfolgte, der sich verheerend auswirkte, weil er auch Mama aus der Bahn warf.

Unser Vater blieb nun immer öfter weg, meist saß er lange in der Kneipe, worüber Mama sehr ungehalten war. Einmal schickte sie uns dorthin, um möglichst unauffällig nachzusehen, ob er mit einer Frau zusammen wäre. Sie war überzeugt, dass er sie betrügt. Über die Bedeutung des Wortes war ich mir nicht klar, hatte aber das ungute Gefühl, dass er auch uns Kinder betrog.

Natürlich hatte sie recht. Als sie es ihm vorhielt, kam es zu lautem Streit und ich hörte, wie er Mutter schlug. Es war mitten in der Nacht, ich sprang aus dem Bett, um ihr irgendwie beizustehen, sah, wie er sie an den Haaren aus dem Bett zog, hörte wie sie schrie, hörte die Schläge und verkroch mich vor Angst wieder unter meine Bettdecke. Später kam er zu mir ans Bett und spielte das Ereignis herunter: Alles nicht so schlimm, das komme schon mal vor bei Eltern.

War das also normal? Bei anderen Eltern auch? Ich glaubte ihm nicht.

Ich schluchzte noch lange, bis ich endlich einschlief. Er blieb danach immer öfter weg, tagelang, wochenlang. Wenn wir ihn sahen, sehr selten, war er schweigsam und mürrisch. Einmal, ich kam gerade von der Schule nach Hause, erschien er mit einem Verband im Gesicht und einer fremden Frau an seiner Seite. Er musste wohl einen Autounfall gehabt haben. Die Frau war seine Geliebte, wie ich später mitbekam.

Damals litt ich an spastischer Bronchitis und musste zum zweiten Mal für sechs Wochen zur Kur fahren, an die Nordsee. Nach dem Abschied von Mama am Bahnhof weinte ich lange. Die Fahrt nach Niendorf dauerte zehn Stunden.

Das Haus wurde von Nonnen geführt. Ich mochte sie von Anfang an nicht, habe sie bald aber richtig gehasst. An einem dieser Tage kam im Fernsehen ein Film mit Shirley Temple. Ich liebte ihre Filme, vor allem sah ich sie gern tanzen. Wir saßen am Mittagstisch, sechs Mädchen, alle freuten sich auf den Film. Dann gab es einen ekligen Nachtisch, angeblich Vanillepudding mit einer lila Soße oder sowas. Keine von uns wollte das essen. Weil die Nonnen damit drohten, dass wir den Film nicht sehen dürften, wenn wir den Pudding nicht essen, würgten wir ihn runter. So schlimm war das für mich nicht. Aber meiner Tischnachbarin wurde schlecht, sie hatte nicht einmal Zeit, zur Toilette zu rennen, und übergab sich am Tisch. Weil sie den Pudding „ausgespuckt" hatte, durften wir alle sechs den Film nicht sehen und zur Strafe mussten wir ins Bett. Ich habe das ganze Kopfkissen nass geheult.

Als Mama bei meiner Rückkehr wieder am Bahnhof stand, spürte ich, dass etwas mit ihr nicht stimmte, und fragte nach dem Papa. Sie schwieg und ich sah an ihren Augen, dass er wohl nie wieder zu uns kommen würde. Normalerweise gab es mit Mama kein Küssen und Schmusen, eigentlich nie. Zärtlichkeiten, körperliche Berührungen mit ihr war ich nicht gewohnt. Jetzt aber nahm sie mich hoch wie ein Baby, streichelte mich und trug mich ein Stück. Das hatte es noch nie gegeben. Für einen Moment hatte ich sogar das Gefühl, sie klammere sich an mich.

Gleich danach fuhr Mary mit ähnlichen Krankheitssymptomen wie ich zur Kur und ich war mit Mama allein. Jetzt machte ich eine sonderbare Erfahrung, die sowohl sie als auch uns Geschwister betraf. Mutter war die ganze Zeit derart missgestimmt und übellaunig, weil unser Vater sie verlassen hatte, dass auch ich mich allein und verloren fühlte. Ich hatte nur sie, aber ich hatte sie nicht wirklich, wurde sogar noch kälter abgefertigt als sonst. Auf einmal spürte ich eine bis dahin nie gekannte Sehnsucht nach meiner kleinen Schwester, den ganzen Tag, aber auch in der Nacht, wenn ich wach lag. Obwohl wir uns immer viel gestritten hatten und sie mir als

Anhängsel oft auf die Nerven gegangen war wie ich ihr wahrscheinlich mit meinen Vorhaltungen, auf die sie sowieso nie hörte. Es gibt Geschwister, die jeden Tag ihrer Kindheit zusammen sind, die aber dennoch zwei verschiedene Leben leben. Man kann es daran merken, wie unterschiedlich die späteren Erinnerungen sind und wie wenig sie trotz der Nähe sie voneinander wissen. So ein Geschwisterpaar waren Mary und ich. Mary hatte immer etwas Kämpferisches, manchmal auch Bösartiges und Rücksichtsloses, wie ein Kampf um ihre Daseinsberechtigung. Das, was Mutter von mir vergebens verlangte – man müsse zurückschlagen – das war in Mary angelegt. Das kleine wilde Tier, das in jedem Kind steckt (und das vom menschlichen Umfeld, gelenkt, erzogen, dressiert, unterdrückt oder gefördert wird) das war zwar in uns beiden, es tobte sich aber jeweils ganz anders aus, wie man in der Zukunft noch sehen wird: Meine Gier nach Liebe und Angenommenwerden, Marys Aggressivität und Protest, ihre Abwehr. Sie konnte besser lügen, sich wehren, sie konnte, wenn sie Hunger hatte, das Brot, das sie kaufen sollte, unterwegs zur Hälfte aufessen, und wenn sie Kaffee kaufen geschickt wurde, ohne Kaffee nach Hause kommen, weil Kaffee sie nicht interessierte. Sie konnte mich beschützen und mir selber Schläge androhen. Ja, wir waren Verbündete und Feinde, wir hassten uns und liebten uns und waren uns offenbar oft auch gleichgültig. Aber jetzt, wo sie nicht da war, wo da ein Vakuum in meinem Leben war, das Mama nicht ausfüllte, jetzt hatte ich schmerzhafte Sehnsucht nach ihr.

Und dann kam das kleine Raubtier, der halbe Junge, meine kleine, süße Schwester mit dem kurzgeschnittenen dunkelblonden Haar, in dem die Oma immer vergebens ihre rosa Schleifchen festmachte (Mary riss sie sofort wieder raus), jetzt kam sie zurück und ich war glücklich. Und Mary offenbar auch. Für kurze Zeit hatte ich sogar Gelegenheit, sie ganz anders, ganz neu zu erleben. Selbst unsere Mama war gerührt. Mary verwandelte sich in eine Schneeflocke und tanzte. Den Tanz hatten sie bei den Nonnen gelernt. Sie kam hereingeschneit, wirbelte um uns herum, drehte sich und sang dazu und ließ sich dann ganz sanft vor uns auf den Fußboden nieder. Schneeflöckchen, Weißröckchen...

So also konnte sie auch sein: Mary, ein Ballettmädchen. Ich kann es gleich hier anfügen: Der Alltag nahm uns wieder gefangen und wir blieben, wie wir waren. Richtig nahe gekommen sind wir uns erst als junge Frauen nach dem Tod unserer Mutter. Und wenn ich heute noch gelegentlich nach Köln fahre, dann nicht wegen Köln, sondern zu ihr. Wir verstehen uns und helfen uns und können über alles reden. Sie ist das zähe Biest geblieben, führt ein kleines handwerkliches Unternehmen in Köln, das ganz offensichtlich nicht pleite geht, es hat allerdings auch keine weltweiten Geschäftsbeziehungen.

Kurz vor Weihnachten erzählte uns Mama, dass Vater mit seiner neuen Freundin auf Weltreise sei. Er habe sich eine wohlhabende Frau geangelt und ließe es sich gut gehen. Von irgendwoher hat er uns dann ein großes Weihnachtspaket geschickt. Mama regte sich fürchterlich darüber auf, dass an allen Geschenken noch die Preisschilder hingen, aber nirgendwo eine Karte, kein Brief an uns, kein einziges Wort von ihm. Mary und ich haben uns aber trotzdem über die Geschenke gefreut. Es gab für jede ein großes Stofftier, so groß wie wir selber waren. Meines habe ich immer mit ins Bett genommen und es im Arm gehalten, bis ich eingeschlafen war.

4. Der Geruch der Parkhäuser – Luftballon Kommunion

Vater zahlte keinen Unterhalt, für alles musste Mama jetzt allein aufkommen. Sie war damals eine Frau von 29 Jahren. Da sie keinen Beruf hatte, nahm sie verschiedene Jobs an, war Toilettenfrau in einer Diskothek, Putzfrau in einer Fahrschule, wo sie ihren Führerschein erwarb und mit dem Fahrlehrer ein Verhältnis hatte. Der war auch mal bei uns zu Hause, war ganz freundlich, aber ich mochte ihn nicht. Keine Ahnung, warum er nie wieder kam, vielleicht haben wir Kinder ihn abgeschreckt, war mir auch recht. Aber es tauchten weitere Männer auf und meine Mutter war nun immer weniger zu Hause. Und wir? Wir gingen brav zur Schule, hingen dann die meiste Zeit auf der Straße herum oder in Parkhäusern. Warum es uns ausgerechnet in Parkhäusern gefallen hat? Vielleicht waren es die Öde und Abgeschiedenheit, das Anonyme der geparkten und rein- und rausfahrenden Autos, diese vielen Nischen zwischen den Säulen, die Leere, Autos wie tot oder als schliefen sie, kaum Menschen, die Entfernung vom wirklichen Leben, der seltsame Widerhall unserer Stimmen, unseres Lachens. Waren wir nicht auch vom wirklichen Leben abgeschieden? Hier störte uns niemand, wir weit oben und da unten das Leben. Oder es war dieser seltsame Mischgeruch von Benzin, Abgasen und Gummi? Immer, wenn ich später in einem Parkhaus aus dem Auto stieg, erinnerte mich der Geruch an meine Kindheit.

Zum nächsten Weihnachtsfest hatte Mutter einen Mann eingeladen, der von Beruf wohl Koch war. Jedenfalls hat er für uns gekocht. Auch meine Oma, Mamas Mutter, war gekommen. Ich war ihr Liebling, wenn wir uns auch nicht oft sahen. Sie wohnte ja auf der anderen Seite des Rheins und das war schon fast wie Ausland.

Wir sollten alle am Tisch sitzen bleiben, wies uns der Koch an, er würde uns das Essen servieren. Er trug eine hohe weiße Kochmütze, was sehr ungewöhnlich war, aber auch lustig. Ein komischer

Kauz. Wir sollten mit einem Glöckchen, das er mitgebracht hatte, klingeln, wenn wir etwas wollten. Kling, Glöckchen, Klingelingeling – und flugs kam er aus der Küche und fragte nach unserem Wunsch. Vom Aussehen her war er eigentlich nicht das, was Mama mochte. Ich kannte inzwischen den Typ von Mann, der ihr lag. Sie war ja auch eine schöne junge Frau mit ihrem langen roten Haar und ihrem schlanken Körper. Und der Kauz mit der Kochmütze himmelte sie regelrecht an, das konnten wir deutlich merken. Aber auch ihn sahen wir nie wieder.

Mama war es nicht, die mich angehalten hätte, in die Kirche zu gehen, sondern meine Musiklehrerin. Die Kirche Sankt Martin war gleich bei uns um die Ecke. Ich sang im Kirchenchor, besaß eine klare, hohe Stimme und gab sogar ab und zu ein Solo. Der Chor war der eigentliche Grund, warum ich am Wochenende zur Morgenmesse und zur Abendmesse in der Kirche war. Der andere Grund war unser Pfarrer. Ich mochte ihn, so wie er mit uns sprach, mit ihm machte der Gottesdienst Spaß. Nur wenn ich vorn in der Nähe vom Altar stand und mich die Weihrauchwolke umgab, war es, als bekäme ich keine Luft mehr und mir wurde schwindelig. Ich blieb dann weg. Meine Musiklehrerin versuchte mich noch einmal zu motivieren, aber schließlich gab ich das Chorsingen ganz auf.

Seltsam, während ich jetzt über diese Zeiten nachdenke, brauche ich ab und zu Weihrauchduft in meiner Wohnung. Wahrscheinlich, weil das alles, diese vertraute Umgebung, die Menschen um mich, der Gesang des Chores, meine Geborgenheit darin, schon lange verlorengegangen ist, versunken wie eine kleine Insel in meiner nicht sehr glücklichen Kindheit.

In der Kirche Sankt Martin feierte ich auch meine Erstkommunion. Ich fühlte ihre Bedeutung: Alle waren da und ich gehörte dazu. Wir waren eine Gemeinschaft von guten Menschen. Oma hatte mir mit bunten Stofffetzen die Haare eingedreht, damit ich Locken bekam. Sie hatte mich auch eingekleidet. Dort, wo sie wohnte, auf der anderen Seite des Rheins, kauften wir einen ganzen Nachmittag lang ein und ich durfte mir das Kleid, die Schuhe, das Krönchen und das Täschchen und alles andere selbst aussuchen! Alle Menschen, die ich mochte, kamen zu meiner Kommunion, auch unser Bruder Alli. Meinen Vater vermisste ich nicht, er war wie vergessen. Viele schenkten mir Geld. Am Ende hatte ich über sechshundert Mark. Das war unwahrscheinlich viel Geld für mich. Wie der Grundstock für meine Zukunft. Ich konnte darauf aufbauen, dachte ich, und fleißig weitersparen.

Mutter fragte mich eines Tages, ob ich ihr die 600 Mark leihen könnte, ich bekäme das Geld ja zurück. Sie brauche es ganz dringend, um Rechnungen zu bezahlen und einzukaufen. Im vollen Vertrauen gab ich ihr das Geld und fühlte mich ein bisschen erwachsener, ein wenig wie ein Partner meiner Mutter, der ich helfen konnte. Ganz rein und klar war dieses Gefühl aber nicht, das ließ ich sie aber nicht merken. Sie war meine Mutter.

Meine heimlichen Ahnungen bestätigten sich. Ich bekam das Geld nie wieder und meine Kommunion, dieses heilige Fest, wurde in meiner Erinnerung zu einem Luftballon, der geplatzt war.

5. Liebe italienisch Nr. 1

Wir lernten Jungs auf der Straße kennen, vorwiegend Italiener – Kinder der ins Wirtschaftswunderland eingewanderten italienischen Gastarbeiter. Mein erster Freund war Alfredo, gerade mal neun Jahre alt wie ich. Fast täglich verabredeten wir uns auf einem nahe gelegenen Wasserspielplatz. Dort zwischen den fließenden und sprudelnden Wassern verbrachten wir im Sommer sehr viel Zeit miteinander. Ich fand Alfredo lustiger, hübscher und verspielter als alle seine Freunde. Auch Mary war oft dabei. Ich erinnere mich, dass sie, kaum acht, schon damals anfing zu rauchen, dort auf dem Spielplatz. Und ich? Ich bekam dort meinen ersten Kuss – von Alfredo. Was für eine Enttäuschung! Es fühlte sich schrecklich an. Alfredo stülpte nur seine Zunge raus und wischte sie hin und her auf meinen Lippen. Wie einen Lappen. Sein Mund blieb dabei zusammengepresst. Nichts Zärtliches, nichts Liebevolles. Es war der erste und der letzte Kuss von Alfredo. Heute sei ihm verziehen. Kann sein, dass er in seinem italienischen Männermilieu etwas von Zungenkuss gehört und die Anleitung missverstanden hatte. Und vielleicht war es ja auch sein erster Versuch. Seine Freunde hatten alles mitbekommen und einer von ihnen, so ein kleiner Angeber, wurde richtig blöd. Wenn er mich sah, rief er immer: Willst du ficki, ficki? Irgendwie schien ich bei diesen Jungs nun einen Stempel zu haben. Ich hatte wohl mit der Ablehnung Alfredos diese ganze Clique gedemütigt und Italiens vorpubertäre Machos nahmen nun Rache. Wer weiß, was Alfredo denen in seiner Gekränktheit Schauriges über mich erzählt hatte.

Aus den Fängen eines ziemlich gewalttätigen Typs dieser Altersklasse musste ich einmal meine Schwester befreien. Mary war bei ihm zu Hause zum Spielen. Eltern schienen auch bei denen nie anwesend zu sein. Ich wollte sie dort abholen, ging unten in den Hausflur rein und hörte sie schreien. Oben sah ich, wie er sie im Schwitzkasten hält und sie mit einem Gegenstand bedroht. Mary schreit um Hilfe und der Junge ruft mir zu: Wenn du mir keinen Kuss gibst, haue ich deiner Schwester mit der Türklinke auf die Schläfe und dann ist sie tot. Ich renne zu ihr. Nach dem Kuss voller Widerwillen (und ohne Zunge) lässt er Mary los und wir rennen runter und raus aus diesem Haus.

Erzählen konnten wir das niemandem, die einzige wäre unsere Mutter gewesen, aber die war selten da. Den Jungen habe ich nie wieder gesehen.

Einmal tauchte unser Vater dann doch wieder auf, aber nicht um zu bleiben. Er brachte einen ausgewachsenen Dalmatiner als Geschenk mit. Wahrscheinlich wollte er ihn loswerden. Mama nahm ihn auch – etwas unwillig, offenbar musste sie sich fügen. Wir hatten alle Angst vor dem Hund. Wenn wir morgens in die Küche wollten, lag er auf dem Küchentisch und knurrte uns an wie Feinde. Als wir nicht mehr in die Küche reinkamen, weil die sich zur Hundehütte eines bösartigen Tieres verwandelt hatte, alarmierte Mama unseren Vater, der ihn dann auch gleich wieder abholte. Sie wusste also, wo sich der Abtrünnige aufhielt, ganz verschollen war er somit nicht.

Sie arbeitete dann in einer Gaststätte, die einem Schwulenpaar gehörte, das auch verheiratet war, wie sie sagten. Damals war das offiziell gar nicht möglich, aber die Männer hatten es so für sich entschieden. Manchmal war ich dort mit auf Mamas Arbeit, wo es nach schwarzem Tee und Teewurst roch und wo ich mich richtig wohl fühlte. Die beiden waren sehr nett zu mir, es war alles sehr entspannt und noch heute erinnert mich Teegeruch an die Zeit bei ihnen, wo alles so normal und angenehm war, nichts Böses, keine blöden Bemerkungen, keine aggressive Stimmung, wie ich sie sonst kannte. Sie schenkten mir ein Porzellanschwein, das noch immer in meinem Bad steht.

In der Erinnerung heute fällt mir auf, dass ich, wo immer ich auch wohnte, sofort Menschen suchte und besuchte, mit denen ich reden konnte. Ich suchte offenbar das Leben der anderen, weil mein Zuhause einen Mangel hatte, dessen ich mir immer bewusster wurde.

Ringsum in unserer Gegend wimmelte es von lebenden Tieren. Ein Nachbar besaß einen großen grünen Papagei, auch eine Riesenschlange. Mitunter lief er mit dieser Boa constrictor um seinen Hals auf der Straße umher. Eine Nachbarin hatte einen kleinen hüpfenden und schreienden Affen auf dem Balkon. Ich knüpfte Kontakt zu diesen Tierliebhabern, war dann auch nicht schüchtern und gehemmt wie in der Schule. Zu meinen häufigen Kontakten gehörte auch eine Freundin meiner Mutter. Sie führte um die Ecke einen Waschsalon und ich half ihr gelegentlich, die Wäsche in die Waschmaschinen und in den Trockner zu stecken, sah zu, wie alles schäumte und rotierte und hörte zu, wenn diese Frau mit Kunden redete. Sie lachte viel und plauderte gern mit mir, eine, die offenbar das Leben leicht nahm. Was mich misstrauisch machte: Sie lachte ein bisschen zu viel, konnte nie ernst sein.

6. Spanien Nr. 1

Dann stand der nächste Umzug bevor, der vierte, ich war zehn Jahre alt. Mama konnte die Miete in der Maastrichter Straße nicht mehr bezahlen und wir bekamen die Kündigung. Von der geräumigen Wohnung mit Balkon ging es in eine kleine Wohnung, die zu einer Kneipe in der Christophstraße gehörte, eigentlich nur ein Zimmer. Für mich und Mary ein Absturz. In dieser Kneipe arbeitete Mama dann.

Eines Tages erschien Papa dort und bot mir und Mary an, uns mit in den Urlaub zu nehmen. Nach Spanien! In eine Villa! Valencia! Gandia! Ich war Feuer und Flamme. Schon die Namen waren märchenhaft. Mutter stimmte sofort zu: Sie war uns für einige Wochen los und der treulose Vater tat endlich auch mal was für seine Töchter. Er holte uns also ab, wir lernten Lara kennen, die so alt nun auch wieder nicht war, wie ich es mir vorgestellt hatte, vielleicht zehn Jahre älter als Vater, der mit ihr in einer ziemlich luxuriösen Kölner Wohnung lebte.

Lara verhielt sich fürsorglich, war gutmütig, locker und sie nahm mich ernst. Papa und sie verstanden sich offenbar gut. Dabei fiel mir auf, das sie stets ein wenig über ihm stand; ich bemerkte es daran, wie sie mit ihm sprach, nicht herrisch, aber mit einer sanften Bestimmtheit. Wir gingen mit ihr in ein schickes und teures Restaurant essen, für uns etwas Besonderes. Dann, wieder bei ihr zuhause, mussten wir gleich ins Bett, wurden mit einer Baldriantablette quasi ruhiggestellt. Denn mitten in der Nacht wurden wir geweckt und los ging's. Unser Vater würde später nachkommen. Für Lara war er wohl Liebhaber und Hausmeister für ihre Wohnung. Außerdem betrieb er zu der Zeit eine Tankstelle. Das wird nicht alles gewesen sein. Lara arbeitete, was ich damals nicht wusste und auch nicht wissen wollte, in einem Etablissement, Nachtbar oder Bordell oder beides. Daraus leite ich heute ab, dass sie wohl wusste, warum sie einen jungen, vorbestraften Betrüger und Räuber an ihrer Seite haben wollte. Er konnte ihr nützlich sein und er würde sich ihr unterordnen. Auch die Tankstelle war ein Betrugsunternehmen, wie ich viel später mitbekam.

Lara fuhr einen Sportwagen Marke Datsun, zu der Zeit sehr auffallend. Allerdings ein Zweisitzer mit einem Notsitz hinten, nicht sehr bequem. Ich saß vorn, hinten Mary, vor uns lagen 2000 km, daher die Baldrianpille. Wir schliefen die meiste Zeit. Nach einer Nacht im Hotel gings dann hinein nach Spanien. Mehrmals sah ich die Meeresküste, Häfen, Ortschaften, Palmen, alles ganz anders als die kalte Nordsee und die schneidenden Stimmen der lieblosen Nonnen. Hier sang die Luft und das Licht war hell. Es war heiß. Der Ort, wo Laras Villa stand, hieß Playa de D., unsere Ankunft erregte Aufsehen. Die Leute bestaunten das Auto, uns auch, ich kam mir vor wie eine Prinzessin. Und diese Luxusvilla! So etwas hatte ich noch nie gesehen. Vier Schlafzimmer, zwei Bäder, eins mit Dusche, eins mit Badewanne, Wohnzimmer mit offenem Kamin, eine überdachte Terrasse, ein Garten mit Rosen, Lilien und anderen Blumen, die ich nicht kannte. Oleander- und Zitronenbäume rund um das Haus, im Vorgarten sprudelte ein Springbrunnen. So konnte man wohnen. So konnte man leben! Einen Augenblick dachte ich an Mama neben der verrauchten, stinkenden Kneipe in der ebenfalls verrauchten Einzimmerbude, wischte diesen Gedanken aber sofort wieder weg.

Ich erinnere mich heute, wie sich mein Vater bei den wenigen Begegnungen viel später immer wieder als eine Art Retter aufspielte und betonte, allein diese Spanienaufenthalte (das Jahr darauf noch einer) hätten mir den positiven Impuls fürs spätere Leben gegeben, den er offenbar spürte und der nun wahrhaftig nichts mit ihm zu tun hatte. Er spielte sich auf, als hätte er mich aus dem Elend befreit.

Dennoch, für mich war es mehr als nur ein großes Ferienerlebnis.

Im Nebenhaus von Laras Villa wohnten Freunde von ihr, die G.s. Die hatten Besuch von einer Familie L., die mit ihrem Wohnmobil auf deren Hof parkte. Die G.s fand ich ziemlich hochnäsig und deren Sohn Ulrich war ein arroganter kleiner Snob. Die L.s dagegen waren sympathische, aufgeschlossene Leute, auch die Söhne. Marius trug eine Hornbrille und war der etwas Schüchterne, Roland war der Ältere und Lustigere. Wir waren jeden Tag zusammen, auch Ulrich war dabei. Seine Überheblichkeit legte sich ein wenig, dafür sorgten wohl die anderen beiden Jungen. Marius wurde immer lockerer und lustiger. Wir haben viel gelacht in diesen sechs Wochen. Fast immer waren wir am Strand, ich fühlte mich frei und glücklich. Lara achtete darauf, dass ich mich regelmäßig eincremte. Anfangs hatte ich einen leichten Sonnenbrand, der sich allmählich in einen goldenen Braunton verwandelte. Mein langes Haar wurde noch blonder unter der spanischen Sonne.

Blondinen waren selten in dieser Gegend. Ich spürte es. Einmal lief ich mit meiner Schwester auf Erkundungstour durch den Ort, vorbei an einem Fußballplatz. Die Jungs, die dort Fußball spielten, waren etwas älter als wir. Und was passierte? Der Ball rollte sozusagen ins Aus und die Mannschaft schlenderte uns hinterher. Ein neues Spiel, vielleicht spannender als Fußball. Sie waren anständig, kein Ruf, kein Pfiff, kein Anpöbeln. Uns war aber doch ein bisschen mulmig zumute und wir schlugen die Richtung zur Villa ein. Als wir dort ankamen, spazierten die Jungs einfach weiter, blieben nicht stehen, das war's dann. Eigentlich nichts und doch aufregend, ich kam mir schon ein bisschen vor wie ein exotisches Tier im Zoo. Und die blonden Haare allein waren's nicht gewesen, aber das fühlte ich damals nur. Es war das ganze Mädchen, das etwas in ihnen auslöste – weil sie Jungen waren!

Als Vater für eine Woche dazu kam, wurde einiges anders. Wir durften in der Mittagszeit nicht mehr mit den Jungs auf der Terrasse sitzen und Karten spielen, sondern mussten in der Siesta ein Mittagsschläfchen halten. Ich konnte mir schon denken warum. In der Zeit liefen Lara und der Vater auch manchmal nackt in der Wohnung umher. Bei Lara fand ich das nicht so peinlich, aber bei ihm war mir das das äußerst unangenehm, so wollte ich ihn nicht sehen. Ich war froh, als er wieder abreiste.

Aber es war auf andere Weise auch ganz gut gewesen, als er noch da war. Ich hatte wenigstens vorübergehend das Gefühl, dass ich einen Vater hatte, vor allem vor den anderen. Seine gezeigte Großzügigkeit beeindruckte mich nicht. Ich kannte ihn anders, er kümmerte sich in Köln kein bisschen um seine Kinder. Ich genoss es trotzdem. Einmal fuhren wir mit ihm nach Gandia, wo wir in einem Fischrestaurant aßen, ein tolles Spezialitätenrestaurant, gehobene Klasse. Gekochter Fisch auf einem silbernen Tablett. Zum Schluss eine große Schale mit Obst! Jeder konnte sich nehmen, was und soviel er wollte, ganz anders als die Streitereien und die mageren Improvisationen bei Mama in Köln, wo wir teils von Resten aus der Kneipe lebten.

Und dann kam die Fiesta, auch da war Papa noch bei uns. Ich hatte damals keine Ahnung, was eine Fiesta ist und dann war es grandios.

Es war natürlich keine Fiesta mit Toreros und Stierkampf in der Arena wie bei Hemingway, eher ein Volksfest, ein Liebesfest auch. Alle hatten sich hübsch rausgeputzt und trafen sich auf dem großen Platz. Dort wurde gegessen, getanzt, richtig spanisch gefeiert bei heißer, rhythmischer, südländischer Musik und der krönende Abschluss war das Feuerwerk. Ich war wie außer Atem und hätte immer weiter feiern können.

Ersterlebnisse wie an einer Perlenschnur: Mit Papa in einer Disko unter freiem Himmel, mit kleinen Nischen, in denen man sitzen konnte. Oben die Sterne. Mit ihm habe ich Rock'n Roll getanzt, aber er konnte es nicht so gut, kein Vergleich mit der Wildheit von Mama, die es mir in Köln beigebracht hatte. In der Nähe der Villa gab es abends ein Freiluftkino, wir sind rauf auf unser Dach und schauten uns den Film aus der Ferne an, auch wenn wir nichts verstanden. Und dann kamen die Fledermäuse. Die flogen so lautlos, schnell und ziemlich tief auf der Jagd nach Insekten. Hatte ich noch nie gesehen. Als ich dann Angst hatte, sie könnten sich in meinem Haar verfangen, sind wir runter vom Dach, hinein in die Orangenplantagen. Mary und ich spazierten zwischen den Baumreihen umher, nicht um Orangen zu pflücken, sondern um heimlich zu rauchen. Bei mir war es das erste Mal, ich paffte eher, aber Mary, die Kleine, rauchte auf Lunge, hatte das von den großen Jungen abgeguckt, wollte wohl so sein wie sie.

Später hat uns Papa erzählt, er habe uns vom Dach beobachtet. Er sei aufs Dach gestiegen und habe uns rauchen sehen. Seltsam, er hat uns danach weder zur Rede gestellt noch geschimpft oder es uns verboten. Vielleicht hat es ihn amüsiert, dass seine Kinder Zigaretten rauchten. Mich machte das schon damals nachdenklich. Ist so einer ein Vater? Ich war zehn Jahre alt, Mary neun! Im Übrigen haben bei uns immer alle geraucht, irgendwann auch ich. Das Qualmen gehörte zu unserer Welt. Mama ist später daran auch gestorben, Lungenkrebs, da war sie 52.

Zwischen den Orangenplantagen gab es Bewässerungskanäle. Dort lebten Frösche, große und kleine, auch ganz dicke, vielleicht Männchen, die sich aufplusterten, um den Weibchen zu imponieren. Einmal schrie Mary auf der anderen Seite des Kanals auf. Ein Frosch sei ihr ins Gesicht gesprungen und habe sie gebissen. Frösche beißen nicht, sagte ich. Doch!, sagte sie, spanische Frösche!, und schluchzte. Sie warf dann ständig mit Steinen nach diesen Tieren. Möglich, dass auch die Frösche sich bedroht gefühlt hatten und einer ihr tatsächlich ins Gesicht gesprungen war. Was wussten wir vom Leben der Frösche! Ich ermahnte sie, damit aufzuhören, aber sie hörte nicht auf mich. Auch die Heuschrecke eines Morgens am Springbrunnen vor der Villa wollte sie umbringen. Sie will das harmlose, grünliche Tier ertränken. Schüttet einen ganzen Eimer Wasser über die Heuschrecke. Dann aber nimmt sie das scheinbar tote große Insekt aus der Pfütze wieder heraus und legt es zum Trocknen in die Sonne. Als das Tier sich wieder bewegt, gießt Mary wieder einen Eimer Wasser drüber, legt es erneut in die Sonne. Folter?

Lust am Quälen? Während der nächsten Abtrocknung war die Heuschrecke verschwunden und Mary war fassungslos: Warum ist sie nicht tot?

Ich erlebte eine mir bis dahin unbekannte andere Welt, entdeckte auch eine andere Natur, war hier nicht mehr eingeengt, alles war offen und heiter. Und ich sah meine Eltern aus einer ganz anderen Perspektive, mit Abstand: Mama weit weg, entbehrlich in dieser Zeit, ich ohne Heimweh. Mein Vater wie ein Gast, ich würde nicht traurig sein, wenn er wieder abreiste. Ich sah auch Mary anders, die Robustere von uns beiden, die sich durchsetzen und auch zuschlagen konnte, wenn es sein musste, die aber mit dieser Welt, in der ich mich frei fühlte, nicht zurechtkam, Sehnsucht nach Mama hatte und nachhause wollte. Unser Vater nahm sie also mit, als er nach Köln zurückfuhr.

Auch ich hatte Sehnsucht nach Mama, aber nur, wenn ich am Telefon ihre Stimme hörte. Am nächsten Tag war ich wieder voller Begeisterung und wollte am liebsten gar nicht mehr nachhause.

Ich war dann mit Lara allein, mit den Nachbarn und den Jungs zusammen und das war vielleicht meine beste Zeit in Spanien. Lara nahm mich überall mit hin, ohne dass ich das Gefühl hatte, ihr zur Last zu fallen. Sie traf viele Bekannte, plauderte mit ihnen, ich hörte zu und kam mir nie überflüssig vor. So, wie sie mit mir sprach, hatte noch nie eine erwachsene Person mit mir gesprochen (außer vielleicht meine einstige Lehrerin Frau Schmidt), ruhig und unaufdringlich, auch in der Villa, wenn sie mich zum Essen rief oder ich ins Bett gehen sollte, herrschte dieser für mich ungewohnt sanfte Ton vor. Und sie hörte mir aufmerksam zu, beantwortete mir jede Frage. Ich nervte sie nicht und sie mich auch nicht. Ab und zu ging sie mit mir zum Strand. An einer Imbissbude aßen wir gelegentlich eine Kleinigkeit. Lara trank dann ein Alster dazu, Bier mit Limo, und ich durfte das auch mal probieren. An den Fischbuden am Strand gab es kleine Fische, die in Knoblauchöl gegrillt wurden. Man aß sie komplett, mit Schwanz und Kopf. Die mochte ich am liebsten.

Dann reisten die Jungs mit ihren Eltern ab. Auch Lara und ich fuhren heim nach Köln. Ich freute mich jetzt auch, meine Mutter wiederzusehen. Als wir ankamen, welche Überraschung, hatte sie eine neue Wohnung gefunden.

7. Machtspiele

Der fünfte Umzug also. Diesmal nach Ehrenfeld. Die Straße, in der wir dort wohnten, war zu der Zeit berühmt-berüchtigt, was ich aber nicht ahnen konnte. Heute gibt es das Wort Problemviertel, das alles einschließt: Arbeitslosigkeit, Kriminalität, Prostitution, Drogenhandel, Ausländer. Wir zogen in eine Zweizimmerwohnung in jenem Haus, in dem die Freundin meiner Mutter wohnte, in deren Kneipe Mama nach wie vor arbeitete. Zwei Zimmer jetzt, dazu Küche, Diele, Bad, separates WC und ein kleiner Balkon. Unsere Schränke aus dem ehemaligen Kinderzimmer aus der Maastrichter Straße konnten wir jetzt immerhin im Flur aufbauen. Geschlafen haben wir bei unserer Mutter. Das enge Provisorium in diesem einzigen Raum neben der Kneipe war beendet. Wir hatten da ein Jahr gehaust, eine Zeit, da auch ich das Rauchen richtig anfing und wo ich täglich die vulgärsten Schimpfwörter hörte. Es war ein Milieu, dem ich nicht entfliehen konnte, auch hier nicht, in dieser verrufenen Straße. Es verfolgte mich, nein, es begleitete mich, es gehörte offenbar zu mir wie meine Wäsche, meine Jeans, meine Schuhe, es haftete mir an. Und hier war es auch, dass Mutter uns beide beim Rauchen erwischte und sich völlig anders verhielt als Papa in Spanien. Sie schrie uns an, keifte fürchterlich und wollte uns verkloppen, überlegte es sich anders: Wir mussten vor ihr so lange rauchen, bis uns schlecht wurde. Ich fand das entsetzlicher als Papas damalige unverständliche Nichtreaktion. Mama war so unberechenbar widersprüchlich. Es hatte ja nie ein Wort übers Rauchen gegeben, nicht vorher und auch nicht danach. Jahre später kiffte sie zusammen mit Mary Haschisch. Mein Leben lang kreisen meine Gedanken um meine Mutter!

Ein Schulwechsel stand nun auch wieder an, ich wechselte in die Borsigschule, eine Hauptschule. Die wurde gerade umgebaut und wir wurden in eine andere Schule nahe Stadtmitte verlegt, das hieß: jeden Morgen und jeden Mittag in eine volle, stinkende Bahn steigen.

In meiner neuen Klasse freundete ich mich mit Esmeralda an, sie wohnte uns schräg gegenüber. In unserer Gegend wohnten viele Zigeuner. Ich kannte oder beachtete solche Unterschiede nicht. Selbst bei den Sinti und Roma, wie man heute sagt, gab es wohl noch weitere Unterschiede, Esmeralda war eine Jenische Zigeunerin, was immer auch das hieß. Mir war das egal. Bis sie mich irgendwann verprügelte. Völlig grundlos und unerwartet. Ein Alptraum begann, sie schlug mich dann öfters und scheinbar ohne Anlass alle paar Wochen wieder. Sie riss mich an den Haaren, so dass ich Beulen am Kopf bekam. Der Kommentar meiner Mutter wie immer: Ich solle mich wehren. Sie mische sich nicht ein. Mary aber mischte sich ein, wenn sie das mit ansehen musste, und schlug für mich zurück. Danach ließ Esmeralda mich in Ruhe.

Ich blieb, wie ich war. Aber wie war ich? Und warum war ich so? Warum waren nicht alle so: friedfertig, freundlich, tierlieb, nicht aggressiv. Vielleicht war aber gerade das der Grund gewesen für Esmeraldas Gewaltausbrüche gegen mich. Jemand der gut war, war in ihren Augen wohl auch schwach. Ich wirkte schüchtern und sie sah die Möglichkeit, mich weiter einzuschüchtern. Für sie ein Machtspiel? Wie vielleicht auch die Schläge, die ich mit fünf Jahren völlig grundlos und unerwartet von einem anderen Mädchen bekommen hatte? War das Leben ein Machtkampf?

Ich freundete mich mit anderen Mädchen an, darunter auch eine Schwester von Esmeralda, die Annika. Sie war sanft und sehr gesprächig. Das aggressive Wesen lag also wohl doch nicht an der Zigeunerfamilie. Ich verwende das Wort Zigeuner auch heute noch, es hatte für mich nie etwas Diskriminierendes. Und ich höre gern ihre Musik, Zigeunermusik, ein kleines Stück Weltkultur.

In Ehrenfeld hatte ich auch meinen ersten richtigen Freund über eine längere Zeit. Bert hatte braune Augen und dunkelblondes Haar, sein Lächeln gefiel mir. Er war ein zärtlicher Junge, liebebedürftig wie ich, auch kaum älter. Wir trafen uns jeden Tag auf der Straße und haben uns auch zärtlich geknutscht. Nach solchen Tagen hingen wir noch lange am Telefon. Mama, neugierig auf unsere Gespräche, hörte dann manchmal mit. Es gab danach keine Fragen von ihr. Eigentlich kann ich ja froh sein, dachte ich, dass sie sich in meine Angelegenheiten nicht einmischt.

Auch Bert war schließlich eine Enttäuschung. Einmal begann er mir durchs Telefon Angst zu machen. Es war die Zeit, in der die ersten Geisterfilme ins Kino und ins Fernsehen kamen. Er wollte mir Geister in der Wohnung einreden. Ich war so verängstigt, dass ich im Gespräch zu weinen begann. Wieder ein Machtspiel? Er schien meine Angst zu wollen, denn er hörte nicht auf damit. Wie diese blöden Filme, die den Menschen offenbar in Angst versetzen sollen?

Dann noch diese Spiele: Auf einer Platte die Hände auflegen, den Geistern eine Frage stellen und die Hände bewegen sich von alleine. Ja, das haben wir gemacht, auch mit den Erwachsenen, Mama und Tante, und es war echt gruselig. Bei mir blieb so etwas hängen.

In der Küche gab es einen Spind, dessen Tür war nicht richtig geschlossen. Auf einmal geht die Tür wie von allein auf und macht quietschende Geräusche. Ich habe daraus die geisterhaften Worte gehört: Ich hole dich! Ich ließ einen Schrei los, lief zu meiner Mutter ins Schlafzimmer. Sie lag im Bett und las in einem ihrer Rote-Laterne-Hefte. Ich warf mich neben sie auf den Boden. Mama! Ein Geist in der Küche! Sie sagte nur: Du spinnst, es gibt keine Geister in unserer Wohnung. Das war nicht sehr tröstlich. War ich verrückt? Oder die anderen? Die Welt? Was war normal? Ein Kind von elf Jahren stellt sich diese Fragen nicht so klar, aber ich fühlte die Unsicherheit. Für mich war meine Umgebung voller Leben, alles lebte und ich redete mit Gegenständen, Pflanzen, Tieren, mit Puppen sowieso, aber auch mit der Waschmaschine, wenn sie lief, denn dann sprach auch sie. Und auch dieser Spind hatte mir etwas zugerufen, eine Drohung.

Heute frage ich mich: War Berts Geisterbeschwörung vielleicht das, was sich bei dem italienischen kleinen Macho mit der Türklinke in der Hand und der Morddrohung gegen Mary als Erpressung und Gewalt geäußert hatte?

Die Liebe zu Bert war jedenfalls zu Ende. Mit elf Jahren ist man schnell drüber weg, man hofft auf die Zukunft, die einem in diesem Alter noch verheißungsvoll und unendlich vorkommt, mir aber auch ungewiss und unheimlich.

Später wurde mir bewusst: In Spanien waren diese Ängste und Träume wie weggeblasen, aber nur dort, danach kamen sie wieder.

In dieser berüchtigten Straße gab es den Onkel Alfons. Alle nannten ihn so, Onkel Alfons, auch die Erwachsenen. Er besaß ein Verkaufsbüdchen, das seine Frau betrieb, und in der Straße um die Ecke hatte er ein Lager, mehr ein Schrottplatz. Daneben befanden sich zwei Boxen mit Onkel Alfons' Pferden. Damals liebte ich Pferde wie elfjährige Mädchen heute auch. Onkel Alfons erlaubte mir, mich um die Pferde zu kümmern und auch Mary kam später mit. Wir misteten aus, fütterten und striegelten die Tiere und durften sogar reiten. Der Hof war nicht groß, aber für ein paar Runden groß genug. Für den Onkel Alfons arbeitete ein großer, kräftiger Mann namens Ricky. Er schien mir nicht sehr helle, aber ganz okay, hatte immer ein Späßchen auf Lager. Einmal ging der Spaß allerdings ein bisschen zu weit. Ich saß auf einem der Pferde und drehte gemächlich einige Runden, da kam der Ricky zum Hof herein und wollte wieder ein Späßchen machen, indem er das Pferd scheuchte. Das Pferd aber schlug aus, bäumte sich auf, immer wieder. Ich hing auf dem Sattel, halb drauf, halb unten und schrie. Der Ricky versuchte nun vergeblich das Pferd zu beruhigen. Onkel Alfons kam herbei, war aber ebenso erfolglos. Ich nahm alle meine Kraft zusammen, mich halbwegs aufrecht aufsetzen zu können, und zog die Zügel so fest zu mir, dass das Pferd kurz vorn hochging und sich doch endlich beruhigte. Mit zitternden Knien bin ich runter, doch mit dem stolzen Gefühl, ich habe das Pferd zur Ruhe gebracht. Ich saß dann nie wieder auf einem von Onkel Alfons' Pferden, habe mich aber weiter um sie gekümmert.

Warum ich mich an den Hof so gut erinnere, liegt auch an Jo, der dort arbeitete, ein gut aussehender, sympathischer Mann. Als Tante Klara, Mamas jüngere Schwester, eine Zeitlang bei uns wohnte, hatten wir die Idee, der Jo würde gut zur ihr passen. Wir schwärmten ihr von dem Jo was vor. Sie hörte sich das an, kannte ihn bis dahin nicht, sagte aber, wir Mädchen könnten ihn ja mal zu uns zum Kaffee einladen. Ich war die Schüchterne und fand das ein wenig kühn, aber schwups – Mary lief sofort zu ihm und die Idee war umgesetzt. Jo erschien am nächsten Tag zum Kaffee und wirklich: Bei den beiden muss es gefunkt haben. Wir hatten Schicksal gespielt. Nicht lange danach haben sie geheiratet, er wurde unser Onkel Jo und ist es heute immer noch.

Schicksal spielen? Müsste mir ja eigentlich auch heute noch gelingen, wenn auch auf mich selbst bezogen. Nur bin ich nicht mehr das spontane Kind, sondern eine nachdenkliche Frau. Das spontanere Kind damals war ja auch eher Mary. Und auf der Suche nach einem Mann bin ich gerade auch nicht, eher auf der Suche nach mir selbst.

8. Ein kleiner Hund – und ein Autounfall

Diesmal war es Mama, die einen Hund mitbrachte, nicht so einen bösartigen Dalmatiner, der einst die Küche besetzt hielt wie ein lebendes Maschinengewehr, sondern ein Hundemädchen, Marke Schnauzer, schwarz mit weißer Brust. Susi. Auch sie lebte in der Küche, aber mit uns. Und sie konnte lachen. Das ist kein Witz, sie schlief in der Küche und wenn wir morgens erschienen, zog sie ihre Lefzen nach hinten und die Zähne kamen zum Vorschein. Sie freute sich und lachte, ihr Schwanz rotierte wie ein Propeller. Mary und ich, wir liebten sie und Susi offenbar uns auch. Sie war zu jedem Schabernack bereit, ob wir ihr zu Karneval ein Kostüm oder ihr ein Kleidchen und Schuhe von unseren Puppen anzogen. Sie machte alles mit. Diesmal haben wir uns auch richtig gekümmert, sie war ja kein Baby mehr wie einst Papas Mitbringsel und auch wir waren große Kinder. Wir gingen mit ihr Gassi, ließen sie draußen rennen, am liebsten sauste sie wie besessen durchs Gras. Und wir fütterten sie regelmäßig, das heißt, sie aß mit uns, aber an ihrem Platz unten neben dem Tisch. Das Problem war nur, sie war nicht stubenrein, sie war straßenrein. Nie hat sie draußen ihr Geschäft erledigt, erst wenn wir wieder zuhause waren, und zwar in der Küche. Das war nicht hinnehmbar, aber sie hatte ja recht, wir Mädchen machten das ja auch nicht draußen. Und ein Mädchen war auch sie. So brachten wir ihr bei, dass ihr Klo auf dem Balkon war. Das akzeptierte sie schließlich. Auch das war nicht angenehm, aber besser als Küche.

Als unsere Mutter einmal eine Freundin zur deren Arbeit fahren sollte, fuhren wir alle mit: Mary, ich und auch unser Hündchen Susi. Die Arbeitsstelle lag siebzig Kilometer entfernt, wir mussten die Autobahn nehmen und Mama war eine grausige Autofahrerin. Sie war total unsicher und schimpfte beständig auf die anderen Autofahrer. Zum Glück fuhren wir nicht oft mit ihr im Auto, denn die meiste Zeit besaßen wir keins. Ich fand es diesmal aber ganz abenteuerlich, so weit waren wir mit ihr noch nie gefahren. Ein bisschen Angst hatte ich dennoch. Bei Lara war das anders gewesen, auf Fahrten mit ihr fühlte ich mich sicher, auch über 2.000 km, nicht nur wegen der Baldriantabletten. Auf Lara konnte ich mich verlassen, auf Mama nicht.

Es war Winter und es hatte gefroren. Mama fuhr auf der linken Spur und meine Angst steigerte sich. Ich sagte plötzlich: Fahr nicht so schnell, Mama! Sie fuhr weiter, als hätte sie mich nicht gehört. Kurze Zeit später geriet das Auto ins Schlittern, wir schrammten an der Leitplanke entlang und der Wagen kam schließlich zum Stehen, quer auf der linken Spur, mit der Schnauze zur Leitplanke. Puh! Niemandem war etwas passiert! In diesem Moment aber sah ich den LKW auf uns zukommen, sah, wie sein Hänger ins Schleudern geriet. Ich reagierte instinktiv, packte meine Schwester am Kopf, drückte sie nach unten, schmiss mich über sie – Gurtpflicht gab es damals noch nicht – und wir lagen todesgefasst in Deckung. Der Hänger erfasste uns und schleifte unser Auto mit. Beide Fahrzeuge kamen schließlich doch zum Stehen und wir lebten immer noch.

Polizei, Feuerwehr und Krankenwagen waren schnell zur Stelle. Ich richtete mich auf und sah, dass unsere Mutter am Kopf blutete, aber bei Bewusstsein war. Mary sah mich mit großen Augen an. Wir kamen alle aus dem Auto raus und ich musste auf einmal laut loslachen. Warum? Weil wir alle noch lebten? Das vielleicht auch. Nein, ich sah das grotesk Lustigste, was ich bis dahin je gesehen hatte, nicht in der Geisterbahn und nicht im Kino: Die Freundin meiner Mutter! Ein Bild zum Schießen. Ihre Perücke (bis dahin hatte ich ihr Haar für echt gehalten) hing nur noch halb am Kopf, als wäre sie skalpiert, dazu diese Schwellung im stark geschminkten Gesicht und der entgeisterte Blick! Was für eine Maskerade. Mein Lachen muss auf die anderen grässlich gewirkt haben. Es war mein doppelter Schock: Beim Anblick dieser verzerrten Fratze wurde mir blitzartig bewusst: Mamas Freundin ist eine Hure, eine Prostituierte. Nur das erklärte die Aufmachung. Und ich wusste wieder, wo ich lebte, in einer verrückten, verhurten, gefährlichen Welt. Und hatte wieder einmal überlebt.

Der Rettungswagen fuhr uns ins Krankenhaus. Mamas Wunde am Kopf wurde geklammert und wir konnten die Klinik schon bald verlassen. Erst jetzt fiel uns auf, dass Susi fehlte. Unser kleines Hundemädchen war nicht da. Auf dem Polizeirevier sagten sie, es sei kein Hund am Unfallort gesichtet worden, auch keine Hundeleiche. Susi musste wohl im Schock davongelaufen sein, immerhin eine Hoffnung, dass auch sie überlebt hatte. Wir würden sie suchen.

Irgendwie kamen wir nach diesen Aufregungen doch noch zur Arbeitsstelle von Mamas Freundin. Ich hatte mich nicht geirrt: Es war ein Puff. Prostituierte hatte ich schon mehrere kennengelernt in den Kneipen, in denen Mama arbeitete, über deren Arbeit war ich einigermaßen im Bilde, ein ähnlicher Job wie der von den Models in den Pornoheften, die bei uns zuhause herumlagen. Aber in einem richtigen Bordell war ich bis dahin noch nie gewesen.

Es waren noch keine Freier da, wir sahen nur die Frauen, die sich herrichteten, also schminkten, an- oder umkleideten, das Haar (oder die Perücke!) richteten. Einige waren sehr freundlich zu mir und Mary, andere sehr verhalten. Man sah ihnen den Gedanken an: Was machen denn Kinder hier! Einige Frauen waren leicht bekleidet, andere im Bademantel. Wie in einem Theater hinter der Bühne oder in den Garderoben, wenn Schauspieler sich zurechtmachen.

Eine Woche nach dem Unfall erhielten wir die Nachricht, man habe Susi gefunden. Für mich ein Wunder. Am nächsten Tag war sie wieder bei uns. Riesige Freude auf beiden Seiten! Ich sah auch das Autowrack wieder. Noch ein Wunder: Da waren wir lebend herausgekommen!

Wie immer bei uns endete auch diese Tiergeschichte tragisch, wenn auch diesmal nicht tödlich. Und wie so oft wurden wir Kinder hinters Licht geführt und enttäuscht. Eines Tages fuhren Mama, Mary und ich hinüber an den Rhein, Susi natürlich mit. Wir machten zusammen einen ausgedehnten Spaziergang, schließlich auch an einer Schafherde vorbei. Die Schafe interessierten unsere Susi nicht, aber der Rhein zog sie an und es dauerte nicht lange, bis sie schwimmen ging. Wir Mädchen gerieten in Panik, ahnten ja nicht, dass sie tatsächlich schwimmen konnte. Als wir sie riefen, kam sie auch gleich heraus. Jetzt war unser Schnauzer pudelnass und stank. Jeder Hundehalter kennt das. Mama sagte, so könnten wir Susi nicht mit ins Auto nehmen, wir sollten uns aber schon mal reinsetzen. Sie lief mit unserem Hündchen zu dem Schafhirten. Aus dem Auto heraus sahen wir, wie sie mit dem Mann redete. Dann kam sie zurück, ohne Susi! Stieg ein und startete den Motor. Was war das? Ich verstand absolut nicht, was da eben passiert war: Sie ließ die Susi hier! Ich protestierte heftig. Die Autotüren waren zu. Ich wollte raus, die Susi holen. Mama debattierte nicht, legte den Gang ein. Die bleibt jetzt bei dem Schafhirten – Ende!, sagte sie und fuhr los. Mary hielt die Luft an, ihr Blick entsetzt. Ich war sehr traurig und dachte zuhause: Wieso verliere ich immer wieder, was ich liebe. Erst scheinen Wunder zu geschehen und im nächsten Moment tut sich unter mir der Boden auf. Dass es von vornherein Mamas Plan gewesen war, begriff ich erst später. Mit offenen Karten spielte sie nie. Es gab bei uns keine Gespräche, die zur Lösung eines Problems hätten führen können, alles wurde knallhart entschieden. Ich hoffte damals nur, dass unser verspieltes Schnauzerkind an liebe Leute mit Kindern und einem großen Garten weitergereicht würde und der Hirte sie nicht etwa zum Wachhund für seine Schafherde umdressierte.

9. Spanien Nr. 2

In den Sommerferien durften wir wieder mit nach Spanien fahren. Ich war voller Erwartung. Auch die G.s und die L.s waren wieder da, außerdem, aus England angereist, eine Freundin von Lara und deren Sohn Andre. Der Junge besaß ein flottes, kleines Motorboot. Wir waren jeden Tag zusammen, fuhren auch ein paar Mal mit dem Boot raus. Und natürlich verliebte ich mich in Andre. Einmal fuhren wir so weit hinaus, dass wir das Festland nicht mehr sahen, Andre, Roland, Marius, Ulrich und ich das einzige Mädchen. Andre stellte den Motor ab und plötzlich zogen sich alle Jungs die Schwimmhosen aus und sprangen mit großem Gaudi nackt ins Wasser. Sie hatten wohl ihren Kick, aber mir war es doch sehr unangenehm, zumal ich annahm, dass ich vielleicht der Anlass für ihren männlichen Übermut war. Ich saß allein im Boot. Mir war so schon mulmig zumute. Vier nackte Jungs – wenn die so wieder über die Bordwand hereinkämen! Sie hatten einen Heidenspaß dabei, auch weil sie merkten, wie mich das beschämte und erschreckte. Bevor sie aber das Spektakel beendeten und wieder ins Boot kletterten, hatten sie sich ihre Hosen, die ich ihnen zuwarf, schon im Wasser wieder übergezogen. Das war sehr beruhigend.

Auf der Rückfahrt zum Hafen wollte Andre uns ein bisschen erschrecken und erhöhte die Geschwindigkeit, was ich prickelnd fand. Als er aber weiter erhöhte und wir auf die Kaimauer zurasten, schrie ich vor Angst. Auch Ulrich schrie, er brüllte den Andre an, der aber erhöhte weiter. Kurz vor der Kaimauer, ich dachte schon, jetzt knallt's und ich sterbe, drehte Andre den Motor ab und das Boot kam sofort zum Stehen. Alle redeten wir nun empört auf ihn ein, am heftigsten Ulrich. Du Angeber, du Arschloch!, schimpfte er. Andre lächelte. Langsam fuhren wir in den Hafen ein durch das schmierige, ölige Wasser, während der empörte Ulrich schon bereit stand, um als Erster vom Boot zu springen. In einem Moment der Unachtsamkeit schubste Andre ihn vom Boot in diese dreckige Brühe. Was war der jetzt sauer! Und wie sah er aus, als er an Land war! Er ließ erneut üble Beschimpfungen gegen Andre los. Nun musste er in diesem Zustand auch noch zu Fuß nachhause laufen. So stinkend und schmutzig durfte er nicht mit ins Auto. Ulrich hatte eine Stunde Weg vor sich! Klar, danach sahen wir ihn nur noch selten. Aber so waren sie, diese halbfertigen männlichen Wesen: Erst erschrecken sie ein Mädchen und haben ihren Spaß, dann kommt der Geschwindigkeitskick, und einer, dem das Boot gehört, der also eine gewisse Macht über alle hat, spielt sich dabei besonders auf und danach folgt das Zerwürfnis. Und wer gewinnt? Das verliebte Mädchen! Andre wurde krank, ein bisschen Fieber und Halsschmerzen, nichts Ernstes. Und da alle anderen unterwegs waren, blieb ich mit ihm allein. Wie er mich küsste, hat mir sehr gefallen, ganz sanft, sein Mund war heiß und seine Zunge auch, heiß und beweglich und verspielt. Ich hatte Lust, sie in meinem Mund zu behalten. Er streichelte mich und streifte dabei langsam und immer mehr meine damals noch sehr kleinen Brüste. Da ich nichts dagegen unternahm, streichelte er mich dann auch zwischen den Beinen. Das erregte mich heftig, ich ließ meinen Gefühlen freien Lauf, mein lustvolles Stöhnen beflügelte ihn und er streichelte mich unter dem Höschen, ich spürte seine bewegten Finger dort, wo noch nie ein Junge mich berührt hatte. Meine Erregung stieg und er brauchte nicht lange: Der erste Orgasmus meines Lebens, von einem Jungen ausgelöst! Leute, ich war elf Jahre alt. Aber ich kannte auch keine Ängste, keine Tabus, keine Vorhaltungen, Mahnungen, Regeln. Ich folgte allein meinen Gefühlen und war in diesem Urlaub so frei wie noch nie. Andre reiste bald danach ab. Ich habe nie wieder etwas von ihm gehört. Abschiedsschmerz oder Sehnsucht nach ihm empfand ich nicht, ich trug eine warme, sanfte Erinnerung in mir und war ihm dankbar.

Mary blieb nur drei Wochen. Nach zwei Wochen kam unser Vater, blieb eine Woche und fuhr dann mit ihr zurück nach Köln. Das wurde dann für mich wieder die schönste Zeit. Lara nahm mich überallhin mit, auch zur Disko. Jetzt kam ich mir schon viel erwachsener vor, auch beim Tanzen.

Wieder stand die Fiesta vor der Tür. Lara fuhr mit mir nach Gandia und kaufte mir ein rosa Kleid mit Rüschen, Carmenstyle, bei dem man das Oberteil über die Schultern runter ziehen kann. Ich fühlte mich damals in diesem Kleid engelhaft, fast schwebte ich. Die anderen sagten: Eine kleine blonde Carmen. Ich hatte jetzt auch spanische Freundinnen und an jenem Abend mit ihnen zusammen eine Menge Spaß. Wir tanzten bis in die Nachtstunden. Ich konnte zwar bis auf ein paar Worte immer noch kein Spanisch, aber irgendwie haben wir uns immer verstanden. Todmüde fiel ich an diesem Abend ins Bett und schlief sofort ein. Am nächsten Morgen ließ mich Lara ausschlafen und auch das ausgiebige gemeinsame Frühstück auf der Terrasse in der Morgensonne war für mich etwas Neues.

Lara besaß ihre Villa schon seit zwanzig Jahren und kannte deshalb auch sehr viele Leute. Und alle dort kannten die Villa Lara. An einem Abend trafen wir in der Bar José, einen langjährigen und reichen Freund von ihr. Sie redeten Spanisch miteinander. Ich verstand nichts. Doch wollte ich schon wissen, was die sich da erzählen, denn an Laras Gesichtsausdruck sah ich, dass sie ärgerlich wurde, regelrecht sauer. José sah mich während ihres Gesprächs immer wieder an und sagte danach etwas zu ihr. Nach einer Weile verabschiedete er sich und ich fragte Lara, was denn los sei, sie mache so ein verärgertes Gesicht. José habe sie eingeladen, heute Abend noch zu einer Party auf seine Yacht zu kommen. Besonders würde er sich freuen, wenn auch ich mitkäme. Er fände mich sehr hübsch und habe sie wissen lassen, dass er an mir interessiert sei. Ich verzog den Mund und fragte mich, was hat so ein alter Knacker mit einer Elfjährigen vor. Ich bekam Angst. Aber Laras Reaktion war eindeutig und beruhigte mich. Wir blieben zuhause. Als er am nächsten Tag am Telefon fragte, warum wir nicht gekommen seien, verbot ihm

Lara jemals wieder bei ihr anzurufen oder sie sehen zu wollen. Das alles auf Spanisch, aber ich verstand das meiste an ihrem wütendem Tonfall. Heute ist mir klar, er wollte nicht nur ein Kind missbrauchen, sondern sie zugleich als das Medium benutzen, um an mich heranzukommen, und sie war doppelt empört. Möglich, dass dieser Typ sich damals gelegentlich junge Mädchen von Zuhältern vermitteln ließ, vielleicht auch Elfjährige, aber mit Lara war das nicht zu machen. Sie war außer sich, schützte mich und das nicht nur, weil ich die Tochter ihres Liebhabers war und ihr Feriengast!

Es war nicht das letzte Mal, dass sich die kleine Michaela die Frage stellen musste: Was wollen diese Typen von kleinen Mädchen? Ein Licht, wie Männer sein können, ging mir dann später bei uns zuhause in Köln auf, im Umfeld unserer zerrütteten Familie. In Spanien war Lara meine Beschützerin gewesen.

Zurück in Köln gab es einen weiteren Umzug, den sechsten.

10. Die „lieben" Onkel

Wir zogen in die Christian-Schult-Straße in das Haus, wo Tante Ulla und Onkel Walter wohnten, eigentlich waren sie Onkel und Tante von Mama, also für mich im Oma-Opa-Alter. Schon als Dreijährige war ich gern bei ihnen. Sie gingen damals mit mir in den Märchenwald, das war für mich spannend und aufregend, die Häuschen und die Puppen, die sich bewegten und auch sprechen konnten. Angst überkam das Kind nur bei dem Märchen Tischlein deck dich. Als bei Knüppel aus dem Sack wirklich der Knüppel aus dem Sack und auf mich zu kam, bin ich vor Angst schreiend weggelaufen. Vom Onkel Walter bekamen wir auch immer Geld, um uns ein Eis zu kaufen. Er war ein ganz Lieber, fand ich damals noch.

Als wir zu ihnen ins Haus zogen, war ich in der sechsten Klasse und es war das Jahr, in dem ich zum ersten Mal meine Periode bekam. Klar hatten wir in der Schule gehört, was das bedeutet, auch Mutter hatte uns beide rechtzeitig darüber aufgeklärt, nicht sehr wissenschaftlich, aber wir wussten Bescheid. Trotzdem bin ich heftig erschrocken. Ich war allein, als es soweit war. Soviel Blut! Und die Schmerzen waren so unerträglich, dass ich schrie und mich zusammenkrümmen und auf den Boden legen musste. Nie vorher hatte ich solche Schmerzen erlebt. Das ging den ganzen Nachmittag und niemand war bei mir. Irgendwann ließ es nach, nur mein Kopf schmerzte. Diese Migräne kehrt seitdem jedes Mal wieder. Ich hatte zwar nie darüber nachgedacht, dass auch wir Menschen biologische Wesen sind, aber nun sagte es mir die Natur. Sie sagte mir: Kleine, das Leben wird nicht einfach.

Es war eine große Wohnung, in die wir bei Onkel Walter und Tante Ulla zogen, die für uns eine Etage höher und auf der anderen Seite des Hauses in eine kleine Wohnung umgezogen waren. Mama war ihnen dafür sehr dankbar und auch wir Kinder freuten uns über soviel Raum: große Küche, Toilette, vier Zimmer, davon eins für

Mary und eins für mich! Erstmals im Leben! Aber es gab weder Bad noch Dusche, immerhin einen sehr langen Korridor, neun Meter! Wir heizten in Kohleöfen oder mit dem Gasofen. Wasser mussten wir auf dem Küchenherd erwärmen und gewaschen haben wir uns am Spülbecken. Beim Haarwaschen benutzten wir eine Schüssel und einen Becher, mit dem wir uns gegenseitig das warme Wasser über den Kopf schütteten, dann wurde gerubbelt und gespült über einer zweiten Schüssel. Zum Baden oder Duschen gingen wir manchmal zu unserer Oma, oft aber hinauf zu Onkel Walter und Tante Ulla. Ich ging immer zusammen mit meiner Schwester zu ihnen.

Onkel Walter gab uns auch jetzt noch immer mal Geld für ein Eis oder auch für anderes. Nur sein Gesichtsausdruck hatte sich verändert, wenn er mich anschaute. Ich spürte, dass da etwas anders war. Sein Gesicht war oft gerötet vom Alkohol, er wurde mir ein bisschen unheimlich.

Einmal stand Mary unter der Dusche und ich wartete nackt davor. Ich spürte etwas in meinem Rücken, meine Nackenhaare stellten sich auf und ich drehte mich langsam um. Da sah ich ihn, unseren „lieben" Onkel Walter, wie er uns beobachtete. Als er meinen Blick mitbekam, verschwand er schnell. Von da an hatte ich Angst vor ihm. Ich ahnte etwas Gefährliches und Abstoßendes. Er könnte mit einem Bademantel erscheinen, ihn öffnen, wie einst der Kerl im Trenchcoat, ich könnte nicht zu Mama laufen, wäre ihm ausgeliefert.

Unsere Mutter begann eine neue Arbeit in einer Wirtschaft am Breslauer Platz, also Stadtmitte. Von dort kam sie fast immer erst nachts nachhause und schlief dann bis Mittag. Sie stand auf, frühstückte und ging wieder zur Arbeit. Für uns hieß das, wir konnten tun und lassen, was wir wollten, keine Aufsicht, keine Obhut, keine Regeln, auch keine Anregungen für irgendwas. Mama schien in der Kneipe zuhause zu sein. So hatten wir uns um den Haushalt zu kümmern, aber mit zehn, elf Jahren, ohne Anleitung und Motivation hat man keine Lust dazu. Auf der Straße wartete die Freiheit, da war meine Freundin und die anderen.

Als es eines Abends klingelte, ich schon im Bett lag, Mary öffnete, stand Onkel Walter vor der Tür. Er wolle nach uns sehen und uns Gute Nacht sagen. Der Onkel kam zu mir herein. Als ich ihn erblickte, wurde ich stocksteif. Er lächelte, legte sich neben mich, wollte mir Gute Nacht sagen. Er sagte aber nichts. Vor lauter Angst konnte ich mich nicht bewegen, konnte nicht atmen und nichts sagen. Er schaute mich seltsam an mit so einem glasigen Blick. Und dann spürte ich seine Hand zwischen meinen Beinen. Es war so widerlich, so ekelig, wie er da an mir herumfummelte! Mary ging noch einmal zur Toilette. Vielleicht musste sie gar nicht, wollte mir helfen oder ihn stören oder war einfach neugierig. Onkel Walter hörte es, erschrak und nahm die Hand von mir. Eins, zwei, drei war er fort. Ich löste mich aus der Erstarrung und fing an zu weinen.

Als ich es Mama am nächsten Morgen berichtete, sagte sie nur: Und? Was soll ich jetzt machen? Ich dachte, meine resolute und manchmal so energische Mutter wüsste selbst, was sie ihm zu sagen hätte und wie sie es ihm sagen müsste. Aber vielleicht hatte sie eine andere Art von Angst vor ihm, er war ihr Onkel. Vielleicht fühlte sie sich wegen der Wohnung, die er ihr vermittelt hatte, abhängig. Ich blieb mit meinem Erlebnis allein.

Seit jenem Abend habe ich ihn nie wieder gesehen. Bis auf jenen Tag, als Tante Ulla plötzlich gestorben war. Sie war am Abend eingeschlafen und am Morgen nicht mehr aufgewacht. Onkel Walter kam zu meiner Mutter mit einem Gesicht, als würde er selbst bald sterben. Wir gingen dann alle hoch zu ihm. Kein Blick von mir zu ihm. Und da sah ich sie, unsere Tante Ulla. Sie sah aus, als schliefe sie. Als ich dann ganz nah an ihr Bett herantrat, spürte ich eine Angst einflößende Kälte und lief sofort weg, hinunter in unsere Wohnung.

Mary sagte mir kürzlich in Köln, sie habe das damals mit dem Onkel schon registriert, glaube aber, dass unsere Mutter ihn doch heftig zurechtgewiesen und ihm jeden Kontakt zu mir verboten habe.

Solche „Onkel" wie ihn gab es mehrere, ich denke nur an die Typen in der Kneipe, wo Mama arbeitete. Einer davon stand am Spielautomaten, als ich ihn begrüßte, kleine Umarmung und angedeuteter Wangenkuss, wie es üblich war und erwartet wurde, bei denen, die gut mit uns bekannt, aber keine wirklichen Verwandten waren, zu denen wir dennoch Onkel und Tante sagten. Und was macht der? Drückt sein Gesicht auf meins und schiebt mir die Zunge in den Mund! Widerlich, ich wich zurück. Keiner hatte das mitbekommen, ich sagte es auch Mama nicht, weil ich sicher war, dass sie mir nicht helfen würde. Ich tat es für mich so ab: Ich musste ja auch Dinge essen, die ich nicht mochte. Auf diese Weise lernte ich aber allmählich, mich nicht mehr umzudrehen, wenn mir auf der Straße erwachsene Männer hinterher pfiffen oder ein Auto hupte. Es kam ein Hass auf diese Männer in mein Leben und ich fühlte in mir eine große Traurigkeit über meine Mutter.

Es war damals Mary, die sich energisch ab und zu Zärtlichkeit von unserer Mutter holte, wenn sie neben ihr lag, indem sie Mamas Arm kaperte. Von Mama selbst kam das nicht. Wenn Mama, selten genug, auch mal früher zuhause war, ging sie bald zu Bett, las dann in ihren Groschenheftchen „Rote Laterne". Manchmal kuschelte sich Mary an sie, bis sie in ihr Zimmer geschickt wurde. Ich konnte das nicht. Ich glaube, durch meine Erfahrungen und Mamas permanente Zurückweisungen wollte ich die Kontrolle darüber behalten, wer mich berührt. So schien mein Bedürfnis nach mütterlichen Zärtlichkeiten erloschen.

Eines Morgens wachten wir auf und Mama war nicht da. Dass sie spät kam, waren wir gewohnt, doch dass sie früh nicht in ihrem Bett lag, das beunruhigte uns. Wir telefonierten, fanden sie aber nicht. Wir gerieten in Panik, wussten nicht, was wir tun sollten. Es musste etwas passiert sein. Bei Onkel Walter klingeln, das war für mich ausgeschlossen. Mir rasten so viele Gedanken durch den Kopf. Sie kommt nie wieder! Ist mit einem Mann mitgegangen, vielleicht für immer! Sie will mit uns nichts mehr zu tun haben! Oder ist ihr etwas Schlimmes zugestoßen? Vielleicht lebt sie nicht mehr! Bilder von Unfällen sah ich vor mir. Die Gedanken und Fantasien überschlugen sich und ich weinte die ganze Zeit. War das nicht doch meine verborgene Liebe zu ihr? Oder Existenzangst, Todesangst?

Endlich, irgendwann am späten Vormittag, erschien sie und erzählte uns, dass sie einen Mann kennengelernt und bei ihm übernachtet habe. Jetzt weinte ich schon wieder, vor Glück, dass sie wieder bei uns war, und wollte sie umarmen, wollte, dass sie mich umarmt und tröstet. Aber sie stieß mich von sich. Ich solle mich nicht so anstellen, sagte sie, es sei doch nichts passiert. Hör auf zu heulen!, schrie sie mich an. Ich verstummte. Ihre Kälte, ihre Abweisung taten mir weh.

Schon am nächsten Tag brachte sie ihn mit und schwuppdiwupp zog er bei uns ein. Durch nichts unterschied er sich von den anderen, ich hatte das auch nicht erwartet. Anfangs war er zum Glück nur anwesend, wenn auch Mama da war. Wenn sie arbeitete, hielt er sich bei ihr in der Kneipe auf. Er war arbeitslos und Alkoholiker und lebte von Mamas Geld, das heißt in der Kneipe musste er nicht zahlen und gegessen hat er stets bei uns. Und dann meinte er wohl, zur Familie zu gehören, und es passierte auch das wieder: Küsschen zur Begrüßung, Küsschen zur guten Nacht – wie bei den anderen „lieben" Onkeln auch. Ich wagte nicht, mich zu wehren. Ich hatte nur diese Mama! Und konnte doch nicht mit ihr über so etwas reden.

Als auch dieser alkoholisierte und stinkende Mann mir eines Abends bei dieser unvermeidlichen Gelegenheit des Gute-Nacht-Sagens mit seiner Zunge kam und mit seiner Hand, habe ich laut geschrien, sehr laut, und mich angeekelt abgewendet. Er trottete raus, ohne sich umzusehen. Niemandem konnte ich mich anvertrauen, auch Mary nicht. Sie wurde ja nie von Mamas Männern belästigt. Warum bloß? Weil sie ein Kind war? Weil sie noch keine zehn war? Verdammt, ich war elf! Was sahen diese Kerle in mir? Ich konnte nicht einschlafen und dachte über das nach, was gerade passiert war. Am Morgen blieb ich so lange im Bett, bis Mama zur Arbeit ging, er ging ja mit ihr. Es war, als hätte ich kein Zuhause mehr. Kurz darauf hat meine Mutter diese Beziehung beendet.

Wenig später brachte sie einen braungebrannten Tennislehrer mit, der ebenfalls für einige Zeit bei uns lebte und mich auf ganz andere Weise belästigte. Einmal kam ich mit Mary etwas später nachhause und er begann zu schimpfen und wollte uns das verbieten. Wir hätten um sechs zuhause zu sein! Das waren ja ganz neue Töne: Ein fremder Mann, der uns Vorschriften machen wollte. Ich sagte ihm klipp und klar, er habe mir gar nichts zu sagen. Vielleicht war ja die angestrebte Vaterautorität auch nur die Brücke, sich eines Tages zu mir ins Bett zu legen, so fühlte und so weit dachte ich inzwischen schon. Es war mehr eine Sache der inneren Abwehr gegen jeden Mann, den Mama mitbrachte. Auch er war bald für immer verschwunden.

Danach kam noch ein Straßenbahnfahrer, der aussah wie dieser Schauspieler von „Der Mann in den Bergen". Der war viel jünger als Mama, ein Spaßvogel voller witziger Einfälle. Er hielt uns nichts vor und tat auch sonst nichts Unangenehmes. Aber auch der blieb nicht lange. Ich traf ihn dann Wochen später mal in der Straßenbahn, die er fuhr, stellte mich zu ihm und wir unterhielten uns während der Fahrt. Als die Bahn aber aus irgendeinem Grund nicht weiterfahren konnte, ein Defekt oder der Strom war weg, da explodierte er, wurde richtig cholerisch, schrie im Wagen herum. Auf einmal packte er seine Jacke und Tasche, stieg aus und ging. Wir Fahrgäste standen da auf der Strecke und der Fahrer verschwand. Meine Schule war nicht weit, ich stieg aus und ging zu Fuß weiter. Möglicherweise hatte auch Mama einen solchen cholerischen Anfall von ihm erlebt und ihn deshalb loswerden wollen. Auf den Gedanken, dass manche Männer wieder verschwanden, weil sie mit ihr nicht klarkamen oder von vornherein gar nicht die Absicht hatten zu bleiben, bin ich damals nie gekommen.

Danach erschien Fritz, überhaupt nicht Mamas Typ, genauer gesagt, er passte nicht in meine Vorstellung von Mamas Typen-Galerie. Er war blond, klein, schüchtern und von Beruf Koch. Für kurze Zeit hatten wir ja schon mal einen Koch: Kling, Glöckchen klingelingeling. Prima, denn damals wurde wenigstens zu Weihnachten zuhause gekocht. Aber auch der neue Koch war nicht von langer Dauer. Mama musste wohl auch jeden Mann haben, der dort in der Kneipe mal jobbte.

Eines Tages geschah etwas, das mich schockierte. Sie kam mit Fritz nachhause, war leicht betrunken und wirkte aggressiv. Der arme Fritz saß bei uns auf der Couch wie ein eingeschüchterter Junge und sagte keinen Ton. Er ließ die Tiraden über sich ergehen. Das hat sie noch rasender gemacht und auf einmal gab sie ihm eine schallende Ohrfeige. Er tat mir wirklich leid, wie er sich da von ihr schlagen ließ, ohne Protest, ohne Gegenreaktion – ohne ein Wort. Wie konnte sie diesen harmlosen Jungen – so sah ich ihn – vor meinen Augen schlagen?

Danach haben wir auch ihn nie wiedergesehen.

Es folgten weitere Männer, es war immer dasselbe. Was vor allem stets gleich gewesen ist: Mama hat all diese Typen ausgehalten, das heißt gefüttert und versorgt, entweder haben sie den Alkohol in der Kneipe nicht zahlen müssen oder sie lebten bei uns auf ihre Kosten oder beides. Ich weiß nicht mehr, ob wir darüber nachdachten, dass es auch auf unsere Kosten ging. Was uns aber auffiel: Es war kein Einziger darunter, der sich, sagen wir mal, menschlich um uns gekümmert oder wenigstens unsere Mutter versorgt hätte. Um sie zu verstehen, um zu verstehen, dass sie die Männer allein zu ihrem Vergnügen mitbrachte oder um einen eigenen Mangel auszugleichen, dafür war ich zu jung und zu sehr mit mir selbst beschäftigt. Suchte sie Sex, weil sie die andere Seite der Liebe nie erlebt hatte? Ich weiß noch, dass in ihrem Zimmer an der Wand, wo andere Leute Landschafts- oder Familienbilder hängen hatten, dass da ein großes

Poster mit 33 Abbildungen erotischer Stellungen hing, frei einsehbar für ihre Kinder. War sie eine Nymphomanin oder nur ein einst geprügeltes Kind, das sich auf diese Weise als Frau rächte oder nach Anerkennung heischte? Eins aber war klar, sie machte es nicht für Geld, diese Typen hatten gar keins. Eine Prostituierte war sie nicht.

11. Wildwuchs

Der Umzug in die große Wohnung im Haus von Onkel Walter und Tante Ulla hatte mir auch wieder eine neue Schule eingebracht, die Piusschule. Mein Schuleifer und Fleiß hatten inzwischen merklich gelitten. Nichts motivierte oder interessierte mich. Im Nachhinein glaube ich, dass dies auch am Tonfall mancher Lehrer lag, der für mich nichts Lebendiges hatte, dem mir gegenüber sogar manchmal etwas Verächtliches anhaftete. Englisch machte mir Spaß, auch weil ich etwas über die englisch sprechenden Länder erfuhr. Ich hatte schließlich einen ganz guten englischen Wortschatz, beherrschte auch Grammatik, aber ich konnte nicht englisch reden, keinen Satz, kein Wort. Nicht wegen der Aussprache, im Kopf hatte ich die drauf; ich war einfach gehemmt. In Biologie schlief ich ein, so langweilig schien mir das. Mit meiner Tierliebe schien der trockene Schulstoff nichts zu tun zu haben. Ich war nicht aufnahmefähig, blockte ab, wollte von den Lehrern nichts wissen. Meine Gedanken im Unterricht kreisten um Probleme, die Lehrer offenbar gar nicht kannten oder nie hatten. Es schien so, dass mein Leben in keinem Zusammenhang mit der Schule stand. Ich lebte außerhalb.

So erkundete ich, angewidert von Schule und einem fragwürdigen Zuhause, mit dem Fahrrad unsere Wohngegend. Ich war auf der Suche nach Zuwendung, die ich wollte, nach Kontakt mit Meinesgleichen, Mädchen und Jungs, die mich verstanden, und natürlich Jungs, die mich anzogen und nicht abschreckten, deren Blicke und Berührungen mir angenehm waren und nicht zum Kotzen, deren Sprache ich verstand, eine Sprache, in der ich mitreden konnte.

Schob ich das Rad aus der Tür und ließ den Blick über die Straße schweifen, sah ich ein Büdchen, eine Bäckerei, an der Ecke eine Metzgerei, ihr gegenüber ein Friseurgeschäft. Fuhr ich los, überquerte ich gleich die Eberhardstraße, kurvte nach dem nächsten Häuserblock in einen Park mit einem großen Spielplatz, es folgten

Fußballplätze, Tennisplätze, ein Minigolfplatz, hinter der sechsspurigen Inneren Kanalstraße ragte riesig der Fernsehturm empor. Nicht weit vom Spielplatz befand sich der Supermarkt Peter Simmel, wo wir einkauften.

Ich fuhr die Innere Kanalstraße Richtung Herkulesberg, auch Hexenberg genannt, eine sanfte Erhebung, aber für Kölner Verhältnisse ein Berg, und erblickte im Vorbeifahren ein bekanntes Gesicht. Der Sascha! Wir kannten uns aus der miesen Wohngegend, wo er mit Theresa zusammen war, dem hübschesten Mädchen von Ehrenfeld, dem hübschesten Mädchen überhaupt, das ich bis dahin gesehen hatte. So ein Kerl war der Sascha, der totale Mädchenschwarm. Sechzehn Jahre alt, groß, athletisch, schwarzes Haar und blaue Augen und ein umwerfendes Lächeln. Fast wäre ich vor Schüchternheit und Ehrfurcht an ihm vorbeigefahren, aber er rief mir zu. Ich hielt.

Er lebte bei seiner Oma, erfuhr ich, hatte seine Eltern hier in der Nähe besucht. Der hat's gut, dachte ich und erzählte vom Umzug hierher und schon verabredeten wir uns für den nächsten Tag auf dem großen Spielplatz. Mein Herz klopfte, als er tatsächlich lächelnd heranschlenderte, große Hoffnungen machte ich mir nicht. Er ließ im Gespräch so nebenbei fallen, dass er nicht mehr mit Theresa zusammen sei. Das war immerhin eine gute Nachricht. Ich lernte seine Schwester Christiane kennen, wir waren uns sofort sympathisch. Das machte ihr offenes Lachen und wie sie mit dem Bruder umging, lieb, aber eben eine Geschwisterliebe, die nicht eifersüchtig macht. Tekin kam dazu, ein Türke, der wohnte mir gegenüber, dann auch Soner, Dieter und dessen Schwester, alle aus den Nachbarhäusern. Wir waren sofort eine richtige Clique, trafen uns fast jeden Tag auf dem großen Spielplatz und hingen da so rum. Aber wenn mich heute einer fragt, was wir dort taten, worüber wir redeten, fällt mir nicht viel ein. Der Sinn einer Clique schien darin zu bestehen, dass man sich trifft, Blödsinn macht und sich irgendwie von anderen unterscheidet, also zusammengehört. Christiane war für mich eine Möglichkeit, oft den Sascha zu sehen. Ich lernte die Eltern kennen, ein kleiner Bruder war auch da, zehn Jahre, also in Marys Alter. Mary war ja immer dabei.

Einmal verbrachten wir einen ganzen Tag auf dem Minigolfplatz. Der war nicht mehr in Betrieb, war schon ziemlich verwuchert, ringsum kniehoch und hüfthoch Unkraut und Gestrüpp, absoluter Wildwuchs, die Anlage verwahrlost, kaum noch zu erkennen. Hier hatten wir unsere Ruhe, da kam niemand hin und es ging auch keiner vorbei. Ich legte mich auf die Wiese in hohes Gras. Christiane unterhielt sich mit Soner und ich träumte so vor mich hin, schaute in den wolkenlosen Himmel, genoss die Sonne auf meiner Haut. Wir hatten einen warmen Sommer. Da kam auch Sascha zu uns, begrüßte alle auf seine lässige Art. Ja, und dann legte er sich neben mich. Ich lag auf dem Rücken, er auf der Seite und stützte mit einer Hand seinen Kopf ab. Er kaute auf einem Grashalm herum, während er sich mit mir unterhielt, strich mir den Grashalm übers Gesicht, kitzelte mich damit. Ich wischte den Halm aus meinem Gesicht und plötzlich küsste er mich. Oh, was war denn das? Er küsst mich? Ja, er küsst mich! Das fühlte sich so gut an, wir küssten uns die ganze Zeit, gefühlte Stunden.

Von da an waren wir ein Paar. Jede Clique hat einen Anführer und in unserem Fall war das Sascha. Der bestimmte. Der sagte, was wir machten, wo wir hingingen, wir folgten ihm. Er bestimmte auch, wer dazugehörte und wer nicht. Ich fand das damals ziemlich cool. Keiner durfte mich blöde angucken oder anquatschen, da bekam er sofort Ärger mit Sascha.

Wenn ich heute an diesen Sommer denke, an diesen verwahrlosten Minigolfplatz mit dem Wildwuchs an Gestrüpp und Unkraut, meine ich, dass es kein Zufall war, dass wir gerade dort lagerten. Waren wir, war ich nicht selbst Wildwuchs? Wie wuchs ich denn damals auf? Meine Mutter sah ich selten und es interessierte sie im Allgemeinen auch nicht, was wir so trieben. Noch nicht lange her, da waren es die Parkhäuser, in denen wir uns ungestört und unbehelligt vom Rest der Welt aufhielten, diesen Sommer der Minigolfplatz, der keiner mehr war. Hier aber waren wir am Licht, in der Sonne und ich hatte Liebe und einen Beschützer.

12. Mama war eine schöne Frau

Dass ich einen Freund hatte, bekam meine Mutter ganz schnell mit, ich stellte ihr ihn nämlich vor. Sie erlaubte mir den Sascha mit nach Hause zu bringen und auch die anderen aus der Clique konnten kommen. Eine herrliche Freiheit, dachte ich, eine, die andere vielleicht nicht hatten. Wir funktionierten den Wohnzimmertisch zur Tischtennisplatte um, spielten Karten und wenn Mama zufällig anwesend war, spielte sie mit. Hin und wieder machte sie Reibekuchen und alle wollten mitessen. Kein Problem: Sascha schält Kartoffeln, der Soner muss die Zwiebeln schälen und der Tekin darf alles reiben. Christiane hilft beim Formen der flachen, runden Kuchen.

Sascha trank viel zu viel Kaffee, immer mit Milch und Zucker. Meine Mutter machte ihn aufmerksam: Das wird teuer! Auch kein Problem, das nächste Mal brachte er alles mit, Kaffee, Milch und Zucker. Diese seltenen Stunden, in denen meine Mutter unter uns war, liebte ich, aber das hielt nicht lange. Ich hatte den Eindruck, dass auch sie sich gut fühlte und ausgeglichener, ja manchmal sogar ausgelassen war.

Auch Tekin war in mich verliebt, ohne dass ich es bemerkt hatte, er war ein ganz Lieber, alle mochten ihn, auch meine Mama. Bei ihr weinte er sich eines Tages aus über seine vergebliche Liebe zu mir. Dabei war er in der Türkei einem Mädchen versprochen, das er irgendwann zu heiraten hatte, eine fremde Vorstellung für mich. Ich konnte ihn nur trösten, indem wir uns mal heftig drückten und ich ihm sagte, dass er immer für mich ein guter Freund sein würde, das musste reichen. Bevor er aus dem Fenster springt, um sich umzubringen, wie er angekündigt hatte. He, wir wohnten im Hochparterre, er hätte springen können, ohne sich was zu brechen! Meine Mutter sagte: Sei nett zu ihm, er leidet. Sie war so widersprüchlich, dass ich mich heute noch wundere. Ja, sie konnte auch nett sein, meine Mama, einfühlsam in einen einsamen türkischen Jungen.

Man erzählte mir, auch Dieter sei in mich verliebt. Aber in Dieter war meine Schwester Mary verliebt und zugleich meine Freundin Christiane, alle also immer in den Falschen oder die Falsche und alle wollten sich deshalb auch umbringen. Das beruhigte sich auch schnell wieder, ein uraltes Spiel, wie ich später entdeckte, als ich Bücher las.

Auch allein mit ihren Töchtern konnte Mama manchmal locker sein, das waren dann allerdings sehr, sehr seltene Tage oder Stunden. Die Erinnerungen entlocken mir noch heute ein Lächeln, traurig und versöhnlich zugleich.

Gelegentlich frühstückten wir am Wochenende zusammen. Das Radio lief und wenn ein Rock'n Roll kam, stand Mama auf, drehte das Gerät voll auf, schwang ein Bein hoch, hielt es mit der einen Hand fest und imitierte Gitarrenspiel, blies ihre Backen dabei auf, gab Töne von sich, das sollte der Bass sein. Wir machten das Luftspiel sofort mit. Mary spielte dann die imaginäre Gitarre und ich Schlagzeug. Einmal tanzte Mama mit Mary Rock'n Roll, ich schaue den Flur entlang, sehe Mary vor der Tür zu unserer großen Küche in rhythmisch bewegter Startposition für einen Überschlag. Sie nimmt Anlauf, setzt zum Sprung an durch die Küchentür – und dann sehe ich nichts mehr, höre aber einen lauten Knall, laufe hin und sehe: Beide liegen auf dem Küchenboden und krümmen sich vor Lachen. Wir konnten uns alle drei vor Lachen nicht mehr halten!

Ein andermal waren wir mit unseren Freunden auf dem Spielplatz und spielten Verstecken. Mama kam, um nach uns zu sehen, wie sie sagte. Das war schon ganz ungewöhnlich. Nein, sie hatte Lust mitzuspielen. Ich war mit Suchen dran, also musste ich auch sie suchen. Augen zu, bis zehn zählen, dann los. Zwei meiner Freunde habe ich sofort entdeckt und abgeschlagen, die anderen sah ich erst, als sie zum Baum liefen und sich frei schlugen. Und dann suchte ich nach Mama und fand sie nicht. War sie nachhause gegangen? Das konnte nicht sein, die anderen amüsierten sich. Ich suchte und suchte und sie lachten hinter mir, ich drehe mich um und sehe deren Blickrichtung. Da entdeckte ich sie – oben auf dem anderen Baum, meine Mutter! Hoch auf dem Ahornbaum. Das war die Krönung, Mama klettert auf Bäume! Ich lief zum Baum und klatschte sie ab. Wie sie runter sprang! Das war genau Marys Art, von einem Baum zu springen, mit einer Hand noch am Ast und dann aus ziemlicher Höhe nach unten in die Hocke.

Sie lief auch einmal Rollschuhe mit uns, und ein andermal ging sie mit uns und acht weiteren Kindern ins Schwimmbad. Das erregte Aufsehen und der Bademeister fragte: Sind das alles Ihre? Ja klar, sagte sie, und der Bademeister machte große Augen. So eine hübsche junge Frau und schon so viele Kinder!

Ja, Mama war tatsächlich eine schöne Frau und als wir klein waren, haben wir ihr das auch oft gesagt: Mama, du bist eine hübsche Frau, so schön wie die Königin von England. Später, als ich die britische Königin im Fernsehen gesehen habe, musste ich darüber lachen. Hübsch und schön waren für mich die Königinnen in den Disney-Filmen.

Es gab Wochenenden, da machten wir gemeinsam Großputz und die Wohnung wurde auf Hochglanz gebracht, Staub gewischt, Betten überzogen und Wäsche gewaschen. Am Abend war alles blitzblank und wir hatten dann unsere Freude daran, hörten laut Musik und tanzten Rock'n Roll und Mama lachte und scherzte mit uns und ich fühlte mich pudelwohl. Es glänzte alles und es roch gut und vor allem waren wir mal wieder eine längere Zeit mit Mama zusammen ohne Geschrei und Geschimpfe. Das waren dann Tage, an denen ich merkte, wie sehr ich sie sonst vermisste.

Heute denke ich, sie holte ein wenig ihre Kindheit nach, denn eine wirkliche Kindheit schien sie nicht gehabt zu haben. Andere forschen nach ihren Ahnen, ich nach meiner Mutter. Von ihr und von anderen Familienmitgliedern weiß ich, dass sie schon mit sechs Wochen Prügel mit dem Kochlöffel bekommen haben soll. Später kam sie in ein Heim, aus dem sie immer wieder davonlief – zu ihrer

Oma. Ihre Mutter bekam das mit und holte sie zurück. Sie war dann eine Weile wieder zuhause und dieses geprügelte Kind wurde selbst zum Raufbold. Man erzählte sich, dass sie vor nichts und niemandem Angst hatte. In der verrufenen Straße, in der sie aufwuchs, hatte jeder Angst vor ihr, auch die Jungs. Einmal zeigte sie mir eine große Narbe am Schienbein und erzählte mir, dass der Arzt die große Wunde nähen wollte. Sie weigerte sich, stritt sich mit ihm, beide rannten um den OP-Tisch herum, bis er aufgab und die Wunde nicht nähte, sondern nur klammerte, so dass dann diese hässliche große Narbe zurückblieb. Von der Verletzung erzählte sie nichts, wichtig war der Sieg über den Doktor.

Nach der Schulzeit wollte sie Friseurin werden. Das ginge nicht, das Lehrlingsgeld sei zu gering, sagten sie zuhause. Sie musste dann in einer Kneipe arbeiten und bekam jede Woche fünf Mark. Den größten Teil davon musste sie daheim abgeben. Ihrer kleinen Schwester, unserer späteren Tante Klara, gab sie davon immer fünfzig Pfennige. Sie hat sehr auf Klara aufgepasst. Wenn die Kleine Prügel bekam, ging sie stets dazwischen. Bevor du sie schlägst, schlag lieber mich!, rief sie ihrer Mutter zu. Das passierte dann auch.

Aus dieser gewalttätigen Familie kam sie dann wieder ins Heim. Für mich unfassbar: Ihre gewalttätige Mutter war später meine liebe Oma! Ihre eigene Tochter hat sie bis zum Heimaufenthalt verprügelt und ich, das Enkelkind, wurde ihr Liebling. Wer kann mir diese Gleichung lösen?

Meine Mutter erzählte mir einmal von diesem Heim in Düsseldorf, das von Nonnen geführt wurde, die sehr brutal gewesen seien. Wenn eines der Kinder ins Bett gemacht hatte, was oft und vielen passierte, wurde es nachts herausgezerrt, nackt ausgezogen, mit einem Wasserschlauch eiskalt abgespritzt und bekam dann auch noch Schläge. Es muss fürchterlich gewesen sein. Ich frage mich, wie ein Mensch, der unter diesen Umständen aufwächst, Liebe kennen soll. Und wer keine Liebe je erfahren hat, immer nur Gewalt, physisch und psychisch, kann dann selbst wohl auch keine Liebe weitergeben. Nur so lässt sich erklären, warum meine Mama keine liebevolle Mutter war, was mich so viele Tränen in der Einsamkeit gekostet hat. Sie sagte nie ein liebes Wort – etwa: Ich hab dich lieb oder so. Und wenn ich es ihr sagte, wurde ich weggestoßen. Mir ist diese einzige Ausnahme in Erinnerung, als sie mich auf den Arm nahm und mich nach Hause trug, als ich von der Kur (von den Nonnen!) zurückgekommen war und unser Vater uns verlassen hatte.

Mary hat sich auf ihre Weise aus der Affäre gezogen, wurde wie ein Junge der Art, wie man sich einen Jungen damals vorstellte. In Mary glaube ich manchmal deutlich Mamas Erbteil zu erkennen. Ich dagegen hatte nur Tränen. Und manchmal überkommt es mich heute noch und ich verzeihe ihr alles. Aber das kippt dann wieder.

Ich sehe Parallelen auch zu mir. Aber ich will doch nicht die Fortsetzung dieses Teufelskreises von Gewalt und Hilflosigkeit sein! Hat sie nicht versucht, nicht die Kraft gehabt, sich daraus zu befreien? Ist vielleicht meine Empfindsamkeit, die meiner Umwelt damals übertrieben schien oder als Schwäche gedeutet wurde, ist sie nicht gerade die Kraft, aus diesem Verhängnis herauszukommen?

Mit sechzehn Jahren wurde meine Mutter schwanger, noch im Heim. Sie bekam dann dort das Kind, unseren Bruder Alli. Wenn meine Oma ihn nicht genommen hätte, wäre er zur Adoption freigegeben worden. Eine Siebzehnjährige im Heim durfte damals ihr Kind nicht behalten! Man nahm es ihr weg und gab es weg. Ich war fünfzehn, als ich meinen Sohn gebar. Sollte es etwa immer nur bergab gehen? Ich war allerdings nicht in einem Heim, als er zur Welt kam. Doch dazu später.

Als wir klein waren, unsere Mutter noch mit meinem Vater zusammen lebte und wir ordentlich wohnten, war sie sehr fürsorglich, hat darauf geschaut, dass es uns gut ging, hat uns immer hübsch angezogen an den Sonntagen, wenn es zu Besuch zur Oma ging: Kleidchen, Spitzenhöschen und Lackschuhe. Ich hab auch immer darauf geachtet, dass ich mich nicht schmutzig mache. Ganz anders meine Schwester, sie hat das gehasst, sich sogar absichtlich beschmutzt, wurde aber jedes Mal sofort umgezogen und musste wieder in ein ihr so verhasstes Kleidchen schlüpfen. Ich hatte wohl die besten Anlagen, ein fleißiges, braves, ordentliches Kind zu werden, Mary war der Raufbold. Unter den familiären Bedingungen in der Folgezeit konnte sie wohl diese Rolle besser entfalten als ich das brave, fleißige und ordentliche Mädchen. Als unser Vater Mama verlassen hatte, war es auch mit der Fürsorglichkeit, den Kleidchen und den Lackschuhen vorbei. Wir Mädchen haben uns dann um den Haushalt kümmern müssen, aufräumen, einkaufen, Wäsche machen, putzen, eben alles. Zunächst war ich eine perfekte Hausfrau, fand die Hausarbeit zwar nicht besonders reizvoll, wusste aber, es musste gemacht werden. Ich war gewissermaßen pflichtbewusst. Mary hat das alles gehasst, sich davor gedrückt. Damit es keinen Ärger mit Mama gab, deren Geschrei ich nicht ertragen konnte, habe ich dann auch Marys Anteil noch übernommen. Die fand das toll und hat sich völlig ausgeklinkt und gar nichts mehr erledigt. Mama hat das alles nicht interessiert. Jede meiner Beschwerden war umsonst und richtete sich schließlich gegen mich.

Was meinen Vater betrifft, weiß ich über sein früheres Leben weniger als mancher über seinen Urgroßvater. Es gab bei uns keine Ahnentafel, kein Familienalbum, keine Kinderfotos der Eltern und so etwas. Ich weiß, dass er als fünfzehnjähriger Junge seine todkranke Mutter gepflegt hat, bis sie starb. Bei einer der späteren seltenen Begegnungen mit ihm, er war damals etwa sechzig Jahre alt, ich Ende dreißig, erzählte er es mir. Dabei kamen ihm die Tränen. Es rührte mich, aber es konnte unser Verhältnis im Nachhinein nicht mehr ändern. Er hatte wohl auch nach der Schule einen Beruf erlernt, war Mechaniker in einer Autowerkstatt, dort sogar Spezialist für Bremsen aller Art. Dass er kreativ und handwerklich geschickt sein konnte, hatten wir Kinder in jenen kurzen Zeiten, da er bei uns war, erlebt und auch so etwas wie Vaterliebe gespürt, was dann aber schnell wieder zerbarst. Seinen Weg in die Kriminalität kenne ich nicht, ich weiß nur, dass er nach dem Tod seiner Mutter sofort von seinem Vater abhaute. Ich habe auch nie erfahren, wie und wo sich meine Eltern kennengelernten.

13. Meine sanfte Rebellion

Mit der einsetzenden Pubertät begann das brave Kind in mir zu rebellieren, eine sanfte Rebellion, äußerlich kaum sichtbar, vollzog sie sich eher als Resignation, Nachlässigkeit und Abgestumpftheit. Da Mutter nun permanent am Schimpfen war, fand ich auch das nun egal. Dann wurde es richtig wüst. Sie war ja immer seltener zuhause und bekam nicht mehr viel mit, wollte wohl auch nicht. Es ging so weit, dass wir das schmutzige Geschirr im Küchenschrank verstauten, auch die Töpfe mit den Resten vom Mittagessen. Wir versteckten den Müll in den Schränken, schoben die schmutzige Wäsche zwischen die saubere und es wurde immer ekliger. Wir hatten immer neue Einfälle und Tricks der Tarnung. In der Kreativität, Müll zu deponieren, wurden wir unschlagbar. Bis es stank.

Natürlich musste sie es irgendwann merken, schmiss alles heraus aus den Schränken, die verschimmelten Töpfe, die übelriechende Wäsche und wir ließen ihr Geschrei, ihre Schimpfkanonaden, ihren Tobsuchtsanfall über uns ergehen. Wenn sie verschwunden war, begann alles von vorn. Es war, als wären wir inzwischen immun gegen sie. Manchmal war ihr Geschrei ebenso wüst wie der Haufen mitten im Zimmer oder in der Küche, und es gab Momente, da hätte ich mir gewünscht, dass sie mir jetzt eine knallt und dann endlich still ist und wieder verschwindet. Was uns so abhärtete gegen sie war: Auch sie ließ ja alles stehen und liegen, wir sollten das dann auch noch aufräumen. Es bestand ganz offensichtlich die Gefahr, dass wir in dieser Verwahrlosung selbst verwahrlosten und wir fühlten diese Gefahr.

Jeder versteht, dass wir dieser Hölle so oft wie möglich entflohen, raus auf den Spielplatz, raus ins Parkhaus, raus in den verwilderten Minigolfplatz, nur raus, raus, raus!

Noch im September jenes chaotischen Jahres brachte sie wieder einen Mann mit nachhause, Jugendfreund aus der Schule, nicht der

Typ, der ihr eigentlich gefiel. Was an Fred anders war, stellte sich rasch heraus, er war stockschwul. Fred war total locker und ein ganz lustiger Kerl. Er hatte kein Problem mit seiner Homosexualität wie andere noch in dieser Zeit, wo sie oft nicht akzeptiert wurden. Der freute sich einfach, dass er seine einstige Schulfreundin wieder getroffen hatte, unsere Mutter. Obwohl er nicht bei uns wohnte, ging es doch wieder zivilisierter zuhause zu.

Es war die Zeit der Rollerblades und zufällig war Geld im Haus, so dass Mary und ich Rollerblades bekamen. Da ich Rollschuh fahren konnte, musste ich kaum umlernen, nur waren die Dinger viel schneller und auch beweglicher. Auch Fred hatte sich ein Paar gekauft und an diesem Tag mitgebracht. Ich war ein bisschen überrascht, er war ja kein Kind mehr. Und noch nie Rollschuh gelaufen, wie er sagte. Unten auf der Straße drehte ich schon mal ein paar Kurven, blieb dann stehen und sah dem armen Fred zu, wie er sich an der Hauswand entlang tastete, sich abmühte, auf den Beinen zu bleiben und mehrmals fast zu stürzen schien. Sah allerdings auch ulkig aus. Ich fuhr zu ihm, wollte ihm helfen, ihn halten. Aber helfen durfte ich nicht, das mache ihn nur noch unsicherer. Also bitte. Ich wendete und fuhr Richtung Haustür. Als ich mich umdrehte, war er weg. Keine Spur mehr von Fred. Ich fuhr zurück zur Ecke. Was ich dann sah, ließ mir den Mund offen stehen. Der konnte fahren wie ein junger Gott! Wie ein Eiskunstläufer fuhr er, rasend schnell, schnelle Kurven und er drehte sogar Pirouetten. Ich war total fasziniert, so würde ich nie fahren können. Er stand und lachte, er hatte mich komplett verarscht.

Das war Fred. Er besuchte uns noch ab und zu. Irgendwann blieb er ganz weg. Nach Jahren sahen wir ihn wieder und er war in einer kritischen Zeit für mich sehr hilfsbereit. Dazu später.

Mama arbeitete wie üblich von Nachmittag bis in die Nacht. Nachmittags hatten wir die Wohnung für uns allein und nahmen unsere Freunde mit hoch. Sie hatte uns das zwar inzwischen verboten, fragte aber nie nach, kontrollierte nicht und machte es uns damit leicht. Sich auch, denn sie musste nichts dagegen unternehmen. Manchmal war ich mit Sascha allein. Wir küssten uns und knutschten die meiste Zeit, steigerten uns, Petting in Klamotten. Einige Wochen später auch ohne. Ich fühlte mich wohl mit ihm, er bedrängte mich nicht, war sehr zärtlich und irgendwann kam der Tag, wo wir es beide richtig wollten, wir wollten miteinander schlafen.

Heute frage ich mich, wieso ich keine Hemmschwelle hatte, ich war ein zwölfjähriges Kind, immerhin ein so weit aufgeklärtes Kind, dass ich wusste, wie die kleinen Babys entstehen. Ich bezog die Anregung gewiss nicht aus Mamas Pornoheftchen, die ich mit Mary unbefangen durchgeblättert hatte, deren Inhalt wir ulkig bis eklig fanden, amüsant und abstoßend zugleich. Was ich dort gesehen hatte, schien nichts mit mir zu tun zu haben, vielleicht hatte aber das Spielerische und scheinbar Selbstverständliche und Allgegenwärtige dieser Abbildungen meine Sinne unbewusst gelockert.

Wir zogen uns aus, deckten uns zu, ich war ziemlich schüchtern, aber ohne Angst, wollte bloß nicht, dass er mich so intim nackt sah. Fühlen ja, sehen nein! An irgendwelche Folgen dachte ich nicht, ich dachte überhaupt nicht. Er wollte in mich eindringen. Das war aber ganz unmöglich, ich war viel zu eng. Sex zwischen Kindern. Er war so sanft, versuchte es nicht mit Gewalt, wir ließen es bei diesem glücklicherweise vergeblichen Versuch. Wie Sascha damit fertig wurde, bekam ich nicht mit. Er gab mir jedenfalls das Gefühl, nicht enttäuscht sein zu müssen. Wir wollen nichts erzwingen, sagte er. Das klang sehr erwachsen, und er mochte wohl auch an mein Alter gedacht haben.

Aber was war mit mir los? War ich ein „Frühchen" im Brutkasten der Pubertät? Ich hatte es zugelassen. War ich verrückt? Nein! Ich war ganz normal, als Kind eine kleine Persönlichkeit, ein ganzer Mensch. Aber wenn du kein Leitbild hast, keine Eltern, die dir Vorbild sind, denen du folgen kannst, folgst du deiner Natur, suchst dir deine Idole und manchmal verschmelzen Natur und Idol, so wie es mit Sascha war. Deine kleine Persönlichkeit kann ohne ihn nicht mehr leben. Du bist kein ganzer Mensch mehr, sondern nur ein halber, eine Hälfte. Die Sehnsucht ist stark bis zur Unerträglichkeit. Ein Früh-Teenie, wie ich damals war, hatte nicht das, was viele andere haben, eine intakte Familie, die ihnen diese zweite Hälfte eine Zeitlang ersetzt. Heute weiß ich das. Damals umarmte ich Sascha, der Junge war der Ersatz für alles, was ich vermisste.

Was ich noch fühlte: Von Sascha ging keine Gefahr aus. Das kleine wilde, ungezähmte Tier in mir stürzte mit allen Gefühlen zu Sascha hin.

Das konnte nicht halten, das konnte Sascha nicht aushalten. Irgendwann war dieser Sturm vorüber.

14. Parallelgesellschaften

Saschas Zärtlichkeit und Rücksichtnahme erinnern mich sofort an Agostino. Aber der Reihe nach: Es begann im Quäker, einem Jugendhaus. Man erreichte es schnell zu Fuß, zehn Minuten von unserer Wohnung. In den Quäker gingen wir immer mittwochs und freitags. In der Machabäerstraße in der Stadtmitte waren wir dienstags und donnerstags. Montags tanzten wir in einem Jugendhaus in Ossendorf, nahe bei Ehrenfeld. Samstag gingen wir ins Inferno, eine richtige Diskothek, samstags mit Disko für Jugendliche, wozu Zwölfjährige durchaus gehörten. Sonntags gingen wir in die Tanzschule Pulheim in der Nähe vom Kölner Dom. Also waren wir jeden Tag in einem Jugendhaus und tanzten immer fast pausenlos durch. Wir hatten quasi eine Siebentage-Woche und waren völlig ausgelastet. Wir tanzten Rock'n Roll und Disko-Fox, machten auch bei Wettbewerben mit und manchmal gewannen meine Freundin und ich einen Preis. Niemand hielt uns auf. Schule kein Thema.

Es war Ende der 70er Jahre. Es gibt in Deutschland große Städte, in denen sich da schon Parallelgesellschaften gebildet hatten. Mangelnde Integration damals, sagt die Politik heute. Neben Berlin-Neukölln gehört auch das alte ehrwürdige Köln dazu. Ich hatte es, aus meiner heutigen Sicht, mit der hier geborenen Generation der einstigen Gastarbeiter zu tun.

Wenn du rein kommst in den Quäker, weil du neugierig bist, erlebnishungrig, tanzt, eine Cola trinkst für 50 Pfennig, was alles ein wenig prickelt, siehst du die Parallelgesellschaften sitzen. Sie sitzen tatsächlich parallel in diesem großen, farbig flackernden, lauten Kellerraum. Links die Türken, rechts beim Diskopult die Italiener. Zwischen den beiden parallel sitzenden „Kulturen" gab es nie Auseinandersetzungen, nie Streit. Ich bin nicht allein dahin, sondern mit Freundinnen. Wir hielten uns immer auf der rechten Seite auf, bei den Italienern. Die Disko läuft. Du tanzt. Ich mit einer Freundin.

Du trinkst an der Cola, stellst dein Glas ab, tanzt weiter mit deiner Freundin, laute Musik, die Jungs glotzen natürlich. Es handelt sich hier um ein Jungendhaus, meine Altersklasse hat für ein paar Stunden Zutritt. Du musst mal, machst dich auf den Weg zur Toilette und ein kleiner Schwarm Türkenjungs folgt dir. Erst kichern sie und flüstern. Ihre etwas rauen türkischen Stimmen mit diesem stimmhaften S-Laut rufen dir halblaut türkisch-deutsche Obszönitäten hinterher, sie umstellen dich vor der Toilettentür und grinsen, als wollten sie, dass du dir auf der Stelle das Höschen runter ziehst und nicht erst da drinnen. Als wollten sie dich nackt sehen. Sie haben dir ja, wovon du nichts weißt, Spanische Fliege in die Cola gemischt, was dich angeblich geil macht, und du würdest dich nun quasi von alleine ausziehen. Diese Idioten! Notfalls kannst du dich an einen Jugendleiter wenden und der schmeißt sie raus. Für kurze Zeit. Nein, es war ganz anders als einst in Spanien, wo die spanischen Jungs anständig der kleinen Prinzessin folgten, nur um zu schauen, und dann brav weiterzuziehen, zurück zu ihrem Fußball oder nachhause. Hier musstest du sehen, dass sie dir nichts in die Cola schütten und wie du aus der Situation wieder raus kommst. Aber was zog uns immer wieder an diese Orte? Hatten wir nichts anderes? Nein, hatten wir nicht. Suchten wir auch nicht. Wollten wir nicht.

Damals gingen wir fast alles zu Fuß, wir hatten ja meist kein Geld. Auf dem Heimweg nahm ich lieber die Bahn, fuhr selten auch mal schwarz mit einem flauen Gefühl im Bauch. Immer schon hatte ich Angst, etwas Verbotenes zu tun.

Einmal sahen wir uns den Film „Der Exorzist" an; bis zu diesem Abend mochte ich Grusel- und Horrorfilme, meine Geisterangst hatte sich wohl verwandelt in eine Art Freude am Gruseln. Diesmal aber war es furchtbar, der Film spukte in mir weiter und draußen war es stockdunkel. Ich hätte durch Straßen laufen müssen, durch die um diese Zeit in Köln keiner lief.

So ging ich rasch und verängstigt nur die paar Schritte bis zur nächsten Haltestelle. Dort sah ich, wie zwei Mädchen, die etwas abseits standen, über eine dritte herzogen und sich lustig machten. Das Mädchen war Erika, eine Zigeunerin, die ich gut kannte. Sie hatte mich gelegentlich zum Essen eingeladen, manchmal in eine Pommesbude. Zuhause bei ihr bin ich auch ein paar Mal gewesen. Sie lebte bei ihren Großeltern, trug stets die neueste Mode, hatte immer genug Geld in der Tasche und die begehrtesten Jungs waren mit ihr befreundet. Ich war froh, sie zu sehen und meine Angst verflog. Sie stand im Lichtkegel der Straßenlampe und ignorierte das Geschwätz der beiden. Hallo, Erika, rief ich ihr zu und beendete so diese Hänselei.

Eine der beiden Spötterinnen war Isabella, eine kleine italienisch-spanische Schönheit in meinem Alter mit großen dunklen Augen und langen Wimpern und schon vollen, straffen Brüsten, beneidenswert für uns andere zwischen elf und dreizehn, die wir noch nicht viel vorzuweisen hatten. Isabella war einen Kopf kleiner als ich, wohnte nur zwei Straßen von mir entfernt. Wir trafen uns bald wieder, wurden Freundinnen und haben seitdem zusammen all das unternommen, was ich immer schon mit Freunden und Freundinnen unternommen hatte, im Viertel rumlaufen, auf der Straße rumhängen oder zu Hause bei mir die neuesten Hits auf Kassette aufnehmen und abends ab in die Disko, in den Quäker! Die zwei Stunden haben wir immer durchgetanzt, Fox und Rock'n Roll. Isabellas Freund war Antonio. An einem dieser Abende war es wieder ganz wild und plötzlich mitten im Tanzen nahm mir Antonio die Isabella weg und der auf einmal mit mir weitertanzte war Agostino. Das hat uns gefallen. Wir verabredeten uns dann alle vier für Dienstag: Jugendhaus Machabäerstraße.

Agostino war sechzehn Jahre alt, schlank, größer als ich, hatte braune Augen und lockiges Haar. Mal waren wir am Ebertplatz oder bei uns in Ehrenfeld oder wir hingen am Spielplatz ab. Abends je nach Wochentag: Quäker, Machabäerstraße, Inferno, sonntags dann die Tanzschule Pulheim in der Stadtmitte. Wir waren keine Tanzschüler, man ließ uns dort aber tanzen. Niemand hielt uns von irgendwas ab, niemand hielt uns auf. Diese Zügellosigkeit hatte etwas zu tun mit unseren fast absoluten Freiheiten, mit unserer sehr frühen Jugend, unserem Temperament, unseren explodierenden Hormonen, also unserer Natur und damit, dass wir die Schule nicht ernst nahmen. Wir hatten keine anderen Hobbys oder Leidenschaften als uns selbst. Über das aus unserer Sicht Rumgehopse der Tanzschüler machten wir uns lustig. Wir grenzten uns ab, belächelten ihre Welt. Dass die Eltern dieser Tanzschüler die Kurse bezahlten wie andere vielleicht Geigenunterricht oder Reit- oder Ballettkurse ihrer Sprösslinge, dass bei anderen Familien Bücher im Regal standen, Regeln eingehalten wurden, man dort vielleicht Klavier spielte oder Französisch lernte, dass ernste, kluge, witzige Gespräche geführt wurden, es Familienausflüge gab, dass es Altersgleiche gab, die sogar Zeitungen lasen, mit den Eltern abends die Tagesschau ansahen, das berührte uns nicht, darüber dachten wir nicht nach. Wir verachteten alles, was nicht so war wie wir selbst. Und wir lebten nur im Heute. Zukunft und Vergangenheit interessierten uns nicht. Reichtum bei anderen beeindruckte uns vielleicht, manche von uns waren auch sicher heimlich neidisch, aber es war nicht unsere Welt.

Der Weg von der Tanzschule Pulheim führte über die Domplatte. Dort steht ein großer Brunnen. Es war Sommer und sehr warm. Wir waren laut und übermütig, Isabella an diesem Abend besonders, diese kleine spanisch-italienische Mischung in ihrem gelben Polokleid. Die ganze Clique stand schon am Brunnen. Aus zwanzig Metern Entfernung rief Isabella ihrem Antonio zu: Ich komme! Ein Ruf wie ein Vogelschrei! Und mit ausgebreiteten Armen stürmte sie auf ihn zu in der Erwartung seiner starken Arme. Der Caballero aber sprang zur Seite und – platsch! – lag das Mädchen mit gelbem Polokleid im Wasser. Sie kam triefend heraus und überschüttete den Jungen mit einem Schwall italienischer und spanischer Schimpfwörter. Und auch wenn sie diesen Abend kein Wort mehr mit ihm sprach: Es war ein heißer Sommerabend, das Kleid trocknete schnell, in meiner Erinnerung eine herrliche Zeit!

Für mich gab es später schlimmere Fälle, wo sich meine Erwartung, von starken Armen aufgefangen zu werden, nicht erfüllte, und es gab kältere Duschen für mich als Isabellas Sprung ins Wasser an einem Sommerabend auf der Kölner Domplatte.

Wir telefonierten an diesem Abend, wie eigentlich jeden Tag, noch sehr lange, die Telefonrechnung stieg und meine Mutter versuchte „diesen Quatsch" zu kappen, indem sie ein Schloss auf das Telefon setzte. Sie verstand nicht, dass man unbedingt und gerade auch dann telefonieren muss, wenn man sich jeden Tag sieht. Am Telefon war man zu zweit allein, eine ganz andere Art von Kommunikation als in der Clique oder in der Disko, eine Art Auswertung des Tages fand statt und man konnte über alle und alles herziehen. Wir lösten das Problem, indem eben Isabella fortan mich anrief.

Mit Agostino war es anders. Er verbot mir eindringlich, bei ihm zu Hause anzurufen. Er wiederholte diesen Satz oft: Du darfst niemals bei mir anrufen, niemals! Das fand ich schon merkwürdig, Isabella auch. Sein ernster, drohender, befehlender Ton beunruhigte mich. Was steckte dahinter?

15. Der Mann mit dem Blumenstrauß

An einem der Tage mit Stubenarrest, Mamas Strafe, die mir nicht weh tat und die ich gut überstand, Isabella besuchte mich, knackten wir Mamas Telefonsperre, um dem Geheimnis auf den Grund zu gehen. Das Telefonschloss betraf die Ziffern 3 und 4, die Agostinos Nummer nicht enthielt. Wir wählten, der Hörer wurde abgenommen. Pronto?, meldete sich eine sonore männliche Stimme mit rollendem R, die nur die seines Vaters sein konnte. No, no, sagte er, Agostino sei nicht da. Er fragte mich, wer ich denn sei, ich nannte ihm meinen Namen und dann passierte etwas Unglaubliches. Er fragte mich rundheraus und ohne Vorwarnung, ob er meine *** lecken soll. Ich verstand das Wort nicht, Isabella übersetzte mit aufgerissenen Augen und einer Geste, die mir sagte, dass er meine Muschi meinte. Wir schauten uns groß an, bliesen die Luft aus den Backen und kicherten leise und Isabella nickte heftig mit dem Kopf, was hieß: Den verarschen wir! Pronto machte ein schmatzendes Geräusch am Telefon. Wir hielten unser Lachen zurück, denn es war gleichzeitig unheimlich, was sich uns da bot. Der Typ fragte mich, ob er mich besuchen könne, um schöne Dinge mit mir zu machen. Es war beängstigend, aber wir machten weiter. Ich nahm all meinen Mut oder Übermut zusammen, lud ihn ein und nannte ihm eine falsche Adresse in meiner Nähe. Den wollten wir sehen! Er würde ein Taxi nehmen und sofort kommen, ein Blumenstrauß als Erkennungszeichen. Oh mein Gott, schrien Isabella und ich gleichzeitig, als er aufgelegt hatte, wir hüpften in der Wohnung auf und ab, rannten hin und her. Hatten wir uns in Gefahr begeben? Waren wir zu weit gegangen? Es war die verdammte Neugier zwölfjähriger Mädchen bei der Entschlüsselung des Geheimnisses Mann. Was war das für einer!? Etwas beunruhigte mich: Der schien mich zu kennen und eine feste, wenn auch absurde Vorstellung von mir zu haben. Woher hatte er die?

Unser Wohnzimmer verlief übers Eck unseres Hauses und genau dort hatten wir ein Fenster, von dem aus wir die Straße überblicken konnten, auch die falsche Adresse konnten wir einsehen. Wir hockten am Fenster, glaubten aber nicht, dass er wirklich kommen würde. Doch dann geschah das Unfassbare: Das Taxi hielt. Ein älterer Herr stieg aus, eindeutig Italiener. In der Hand der Blumenstrauß. Unverkennbar Agostinos Vater. Der Vater meines Freundes! Erste Garnitur italienischer Gastarbeiter! Wir saßen gebückt hinter dem Fenster und linsten immer wieder mal über das Fensterbrett nach draußen, was er jetzt wohl macht. Er stand da, schaute sich um, wartete auf mich. Der muss ja wohl krank sein, dachte ich. Wir äugten noch einmal nach draußen und in dem Moment schaute er in unsere Richtung. Wir gingen in Deckung und hatten eine Heidenangst. Was, wenn er wirklich hierher kommt? Stocksteif saßen wir da unter dem Fenster, eine Minute, zwei Minuten... Kein Klingelton. Nichts passierte. Nach zehn Minuten wagten wir noch einmal, hinaus zu blicken. Die Gestalt war weg. Wir atmeten tief aus und in unserer Erleichterung schworen wir uns, nie wieder ein solches Spiel zu spielen, das uns in Angst und Schrecken versetzt und das auch anders hätte ausgehen können. Den ganzen Nachmittag mieden wir diese Ecke und die Angst verließ uns nicht wirklich.

Ich sagte mir damals, dass Agostino ja nichts dafür kann, dass er einen solchen Vater hat. Auch ich war ja nicht verantwortlich für die Dinge, die mein Vater tat. So ließ ich mir, als Agostino zu mir kam, nichts anmerken, ich konnte das allmählich ganz gut. Sicher war nur, niemals würde ich Agostinos Wohnung betreten, sollte er mich irgendwann einmal dorthin einladen.

Dazu kam es aber nie. Wenn mich Agostino sehen wollte, kam er zu mir, selten genug, denn wir konnten nie allein sein; bis auf jenen verhängnisvollen Tag, da meine Mutter arbeitete, Mary unterwegs war und Isabella und Antonio etwas anderes vorhatten. Ich erlaubte Agostino, zu mir zu kommen. Ich wollte ihn ja sehen, ich wollte ihn spüren, ich liebte seine Stimme, seine Mimik, er konnte so erstaunt und auch so traurig dreinschauen und so schön lachen. Und ich liebte seine Zärtlichkeiten.

16. Liebe italienisch Nr. 2: Du gehörst jetzt mir!

Agostino kam, wir sprachen über alles Mögliche, küssten und streichelten uns. Seine Fingerspitzen wanderten über meine Brüste, ich hatte das gern, seine Hände auf meiner Haut, gerade dort. Neu war aber: Er nahm meine Hand und führte sie runter zu seinem Hosenbund. Ich streichelte diese Ausbeulung, passte aber auf, dass die Hose geschlossen blieb. Als er mich zwischen den Beinen ein bisschen massierte, war auch dort geschlossen, Höschen und Rock blieben zwischen uns. Ich war auf der Hut. Und als die Hand unter meine Kleidung schlüpfte, sah er meine erschrockenen Augen und besänftigte mich sogleich: Keine Angst, ich streichle dich nur, ich tu dir doch nichts. Ich mit meinen zwölf Jahren glaubte das. Auch als er seine Hose öffnete, wiederholte er diese italienische Lüge vom Streicheln. Denn was dann passierte, war etwas ganz anderes und ich schrie ihn an: Lass das! Ich will das nicht! Ich wehrte mich, als er mein Höschen runter zog, und ich schrie ihn an. Aber er hörte mich irgendwie nicht, stöhnte, legte sich schwer auf mich, drückte meine Beine auseinander und drang mit Gewalt in mich ein. Ich schrie, weinte, hatte keine Kraft ihn wegzustoßen, fühlte nur Schmerz. Das ging dann ein paar Minuten so, bis er damit aufhörte. Ich weinte nur noch und sagte, dass er gehen, dass er abhauen und nie wieder kommen soll. Erschrocken sah er mich an. Als er sich anzog und im Gehen war, schrie ich ihm hinterher, dass ich ihn nie wieder sehen will. Und er? Was sagte er? Ich habe dir deine Unschuld genommen. Du gehörst jetzt mir! Dann hörte ich das Knallen der Tür. Plötzlich glaubte ich, dass dies sein Plan von Anfang an gewesen war und vorher alles Lügen.

Da war sie wieder, diese Drohung, die Angst machen, einen unterwerfen, abhängig machen soll. Von einem sechzehnjährigen Bengel, der noch eine halbe Stunde vorher mein liebster Freund gewesen war.

Ich erinnerte mich sofort an den kleinen Italiener mit der Türklinke: Wenn du nicht kommst und mich küsst, bringe ich sie um.

Viel später begriff ich, dass diese Jungen das lernen, direkt oder indirekt von solchen Vätern, wie Agostinos Vater einer war, der Lust auf ein zwölfjähriges Mädchen hatte. Wie dieser José in Spanien. An meinen Vater dachte ich auch. Und ich fragte mich: Wo komme ich denn her? Wer bin ich?

Als Agostino weg war, erschrak ich beim Anblick des Blutes zwischen meinen Beinen, krümmte mich zusammen und heulte. Bis zum späten Nachmittag lag ich da. Du bist vergewaltigt worden! Nein, du bist selbst schuld, du hast ja so viel zugelassen! Nein, er hatte einen hinterlistigen Plan, es war eine Vergewaltigung. Ich war verzweifelt und ratlos. Mama darf das nie erfahren! Ich kannte ihre Strategie: Man wehrt sich, ansonsten ist man selbst schuld. Zur Polizei wäre sie nicht gegangen. Ich ging auch nicht, ich hätte mich vor diesen Männern geschämt. Und wahrscheinlich hätten sie mir gesagt: Wenn du so einen Typ in die Wohnung lässt...

Am Abend kam endlich Isabella, der ich mich gleich anvertraute. Sie konnte nicht glauben, was sie da hörte, nahm mich in die Arme und tröstete mich. Das hätte er nicht tun dürfen, auch wenn du ein bisschen zu weit gegangen bist, versuchte sie mich zu beruhigen.

Ich sah Agostino doch wieder. Nach Tagen, als ich mich endlich auf die Straße traute, er kam sofort auf mich zu, ergriff meinen Arm und wiederholte: Du gehörst jetzt mir! Ich riss mich los, schrie ihn an und drohte mit der Polizei. Er grinste. Und bei ihm zu Hause würde ich anrufen! Das zeigte Wirkung, Agostino wurde kreidebleich. Ich kannte seine Angst vor seinem Vater, der ja nun auch so etwas wie sein Rivale war. Diese Angst war wohl größer als die vor der Polizei. Was er dann noch mit leiser, schneidender Stimme sagte, hatte ich so ähnlich schon mal gehört: Wenn du das tust, bringe ich dich um.

Diese italienischen Macho-Söhne werfen mit Morddrohungen nur so um sich. Ich habe ihn danach nie wieder gesehen und auch nicht angezeigt. Auch in der Clique tauchte er nie wieder auf. Keiner fragte mich, keiner erwähnte ihn, also wussten sie es. Es war, als wollten sie mich alle schonen und beschützen.

17. Verdorbener Nudelsalat – verdorbenes Kind?

Irgendwie musste ich mit der „verlorenen Unschuld" nun umgehen. Ich verdrängte das schließlich und blieb das Kind, das ich war. Es war seltsam, wie sich meine Mutter benahm, als sie, woher auch immer, davon Wind bekommen hatte, und schon belastete mich das alles wieder sehr. Auch weil ich sie belog, denn sie ließ nicht locker, wollte wissen, wer es war. Zunächst schob ich Sascha vor, der war nicht mehr greifbar, den konnte sie nicht zur Rede stellen – dachte ich. Eines Tages aber besuchte er uns und die Bombe platzte. Sascha sagte: Ich nicht!! Und seine Augen funkelten mich böse an. Ich gab es zu und entschuldigte mich bei ihm. Dann schwieg ich. Um so heftiger bedrängte mich Mama am nächsten Tag und die folgende Zeit. Aus Angst hatte ich gelogen, aus Angst schwieg ich nun. Bis ich in Tränen ausbrach und sagte: Agostino. Sie schaute mich mit einem so traurigen Blick an, den ich von ihr nicht kannte, sie saß auf einmal da geknickt und wie ein Häufchen Elend. Nun musste ich sie trösten, sagte, dass ich es schon fast vergessen habe, dass es nicht so schlimm sei. Sie habe sich das schon fast gedacht, brachte sie leise hervor. Auch diesen unglücklichen, leisen Ton kannte ich bisher nicht von ihr. Ich nahm sie in den Arm, sie hatte Tränen in den Augen, umarmte auch mich, das war jahrelang nicht vorgekommen. In dem Augenblick war ich nicht nur sehr verwundert, sondern auch froh, dass wir nun nicht mehr darüber reden mussten.

Noch heute denke ich oft an diese Szene und kann sie nur so deuten, dass sich Mama ihrer eigenen Erlebnisse mit Männern bewusst wurde, dass in ihrer Kindheit vielleicht alles noch grausamer gewesen war; oder sie fühlte ihre Schuld in diesem Moment, weil sie mich nicht erzogen, beschützt und vor Unheil bewahrt hatte. Eine schwere Last schien damals auf ihr zu liegen und sie war in diesem Augenblick eine gebrochene Frau. Vielleicht tat ich ihr auch leid, weil sie ja mein Verliebtsein in Agostino erlebt hatte.

Heute kann ich mir vorstellen, dass in dem Kind, das meine Mutter einst war, die gleichen guten Anlagen für ein besseres Leben gelegen haben wie in mir, dass diese Keime für Güte, Wahrhaftigkeit und Verantwortung damals brutal zertreten worden sind, von Männern, von ihrer Familie, im Heim und in den Kneipen, in denen sie seit ihrer Kindheit gearbeitet hat.

In diesem Zusammenhang erinnere ich mich an eine ganz andere Szene mit ihr, die so brutal und abstoßend war, dass ich, ihre kaum dreizehnjährige Tochter, sie damals als Mutter so gut wie abschrieb. Kann es sein, dass ihr Zorn, ihre Gewalt gegen mich nichts anderes bedeuteten, als dass sie ihren gesamten angestauten Selbsthass auf mich projizierte und in diesem Gewaltexzess freien Lauf ließ? So lief diese fürchterliche Nacht ab:

Sie kam betrunken nach Hause. Wenn sie Asbach-Cola getrunken hatte, war sie gut drauf, aber richtig aggressiv war sie nach Mariacron-Cola. Wir spürten das sofort und da es immer sehr spät war, wenn sie kam, lagen wir schon im Bett oder gingen sofort schlafen. Sie stresste dann den Mann, den sie gerade dabei hatte. Diesmal war es extrem. Sie arbeitete ja in der Kneipe in der Nähe vom Dom, in der auch viele Jugendliche verkehrten. Die meiste Zeit lief dort Rock'n Roll und die Mädchen dort kleideten sich auch entsprechend. Ich war auch öfter mal da, in Petticoat und Schuhen mit Pfennigabsätzen. Das Interesse der Jungs an mir war unverkennbar. Es war wie ein Spiel: ich und die Jüngelchen. Mal mit dem, mal mit dem, ein bisschen küssen und knutschen. Geschlafen habe ich damals mit keinem, so weit ging das Spiel wahrhaftig nicht. Aber Mama bekam es mit und bekam es vor allem so zu hören: Deine Tochter treibt es mit jedem.

Ich war an jenem Abend nicht dort, als sie voll von Mariacron-Cola, also geladen und aggressiv, nachhause kam und diesmal ohne einen Typ. Was musste sie an dem Abend wohl gehört haben! Ich lag schon im Bett, sie stürmte in mein Zimmer und schrie, ich solle aufstehen und in die Küche kommen. Ach, der Nudelsalat!, dachte ich. Ich hatte ihn ein paar Tage vorher nicht entsorgt, er stand im sogenannten Spind in der Küche, eine Art Speise- und Gerätekammer mit Staubsauger, Bügeleisen, Konserven usw. und war wohl schon total vergammelt oder er stank. Sie hatte ihn entdeckt. Aber der verschimmelte Nudelsalat war nicht der Grund, warum sie plötzlich nachts so über mich herfiel. Ich merkte es an der hysterischen Art zu schreien und daran, was sie mir da entgegen schrie: Was ich für eine sei! Mache es mit jedem Jungen! Würde mit jedem „rumwickeln". Möglich, dass sie ein ähnliches, noch hässlicheres Wort gebrauchte. Ich hatte jetzt fürchterliche Angst vor ihr, sie würde mich mit ihrem wütenden Gesicht, ihrem Geschrei nicht zu Wort kommen lassen. Sie wollte mich nicht hören, drängte mich zurück in Richtung dieser offen stehenden Vorrats- und Gerätekammer, schnappte sich die Schüssel mit dem Nudelsalat, nannte mich eine Hure und schmiss den Nudelsalat nach mir. Die Glasschüssel zersprang am Türrahmen und ich bekam den ganzen verschimmelten Nudelsalat ab. Ich sackte im Spind zusammen, lag dann auf dem Boden, gekrümmt vor Schmerz, weil Mama mich eine Hure schimpfte, der stinkende Nudelsalat auf mir und nun spuckte sie auch noch auf mich. Sie spie nach mir und schrie, ich würde die Nacht in dem Spind verbringen. Ich rührte mich nicht vor Angst, heulte, die Tür war zu und ich verbrachte den ganzen Rest der Nacht so auf dem Boden in diesem Verschlag. Wusste danach nicht, ob ich irgendwann eingeschlafen war oder nicht. Am Morgen stand die Tür offen, von meiner Mutter war nichts zu sehen.

Die nächsten Tage waren für mich die Hölle. Ich konnte mich zwar wieder frei bewegen, aber Mutter würdigte mich keines Blickes. Gewiss ahnte sie nicht (und ich zunächst auch nicht), dass mich dieses Erlebnis noch einmal sehr weit von ihr entfernt hatte, es war wie ein innerer Abschied. Aber doch wusste ich, dass ich sie brauchte. Ohne sie wäre ich in einem Heim gelandet und dann hätte sich wohl der Teufelskreis ihres Lebens bei mir fortgesetzt. Ohne diese Mutter. Aber auch ohne die Freiheit der Straße, ohne die Clique, ohne Isabella!

Keiner sprach dann mehr darüber, aber vergessen habe ich es nie, verziehen auch nicht. Ich kann es ihr nicht wirklich verzeihen, bis heute nicht, aber ich kann es mir erklären, das hilft mir. Darüber nachgedacht, dass es ihr Selbsthass gewesen sein könnte, ein Aufschrei gegen sich, ihr verpfuschtes Leben, den sie in ihrem betrunkenen Zustand auf mich lenkte, habe ich erst jetzt, während diese Aufzeichnungen entstehen, die ein Buch werden sollen, das ich in der Hand halten werde wie mein eigenes gerettetes Leben.

18. Klein-Istanbul

Ich war von den italienischen Macho-Söhnchen abgekommen, die sich an der kleinen Michaela übten, und will jetzt meine Erlebnisse mit den jungen Türken schildern. Zurück also in den Quäker. Dort hat man den Unterschied gesehen. Sie waren anders als die Italiener. Sie kleideten sich anders, rochen anders, verhielten sich anders. In Ehrenfeld wurde damals die erste Moschee eröffnet. Wenn du über unseren Spielplatz kommst auf dem rechten Fußweg, links die Sportplätze, rechts ein großes Firmengelände, erreichst du einen großen Parkplatz und den Supermarkt Peter Simmel. Ein Stück weiter links stand ein leeres Firmengebäude, direkt an der Inneren Kanalstraße. Das mieteten die Türken und machten eine Moschee daraus. Es war für uns wie exterritoriales Gebiet. Heute steht dort eine riesengroße Moschee. Dort sah man auch die Älteren, also die erste Generation, die ins Wirtschaftwunderland eingeladen worden war. Gastarbeiter. Diese älteren Männer waren mir fremd und suspekt. Alle waren sie dunkel gekleidet, meistens sah man auch nur die Männer, Frauen ganz selten, und dann alle mit Kopftuch. Ich vermisste damals die jungen Türkinnen. Wo waren die? Ich habe die Türken nie verurteilt, hatte ja auch türkische Freunde. Es waren Erwachsene, die über die Türken schimpften, nicht wir Jugendlichen. Man regte sich auf, dass unser Spielplatz immer dreckiger wurde. Die Türken ließen viel Müll dort liegen oder warfen ihn weg auf dem Weg zur Moschee.

Und dann lernten wir sie kennen, Isabella und ich: Wir mussten auf dem Weg zum Supermarkt über den Spielplatz und dann den breiten Gehweg entlang. Da standen zwei türkische Männer und begannen uns anzumachen. Sie waren erwachsen und wir waren dreizehn! Wir gingen schnell vorbei und die beiden riefen uns etwas nach, das wir nicht verstanden, auf jeden Fall war es kein harmloses Kompliment, sondern sie grinsten und machten ziemlich eindeutige Handzeichen. Wir regten uns sehr darüber auf und ich bin dann auch nicht mehr allein auf den Spielplatz oder einkaufen gegangen. Immer öfter passierte es nun, dass uns ältere türkische Männer merkwürdig anschauten mit Blicken, die einen verachteten und gleichzeitig auszogen. Meine türkischen Freunde Soner und Tekin klärten mich auf. Daraus, dass deutsche Frauen ganz anders lebten, die Mädchen auch als Kinder – Schule, Spiel, Schwimmen, alles gemeinsam mit den Jungen – eben gleichberechtigt und frei, zogen sie falsche Schlüsse, hielten uns doch tatsächlich für Schlampen oder eine Art Freiwild, leicht zu haben. Diese Erkenntnis war heftig. Es betraf zwar sicher nicht alle älteren türkische Männer, setzte sich aber zum Teil in die nächste Generation fort. So wie bei diesen Jungs im Quäker, jenen, die mir Spanische Fliege in die Cola gerührt hatten, mich umstellten und genau dasselbe meinten wie diese Männer. Aufgewachsen waren sie ja nicht hier wie Soner und Tekin, sondern irgendwo in Anatolien.

Ehrenfeld entwickelte sich damals jedenfalls allmählich zu Klein-Istanbul.

19. Die große Liebe und der schnelle Tod

Ich lernte Alessandro kennen, ein schöner großer Junge, Italiener mit blondem Haar und grünen Augen, tolle Fußballerbeine. Ich sah ihn und habe mich sofort verliebt, verliebt im Sinne von total verknallt. Und hier muss ich mich noch einmal fragen: Was war mit mir los? Ich sehe einen Jungen und bin sofort verrückt nach ihm, die Beine allein können es nicht gewesen sein. Aus meiner heutigen Sicht behaupte ich: Es ist in dem Alter völlig normal und dieser Liebeswahn betrifft auch die andere Hälfte der Menschheit, man könnte ihn das Romeo-und-Julia-Syndrom nennen.

Also ich sah ihn, Alessandro, und war hin. Aber er sah mich nicht. Sie kamen in den Quäker, er und sein Freund Matteo und noch einige andere. Sie waren vom Zülpicher Platz, also vom anderen Stamm. Eine ganze Ecke weit weg von Ehrenfeld. Und nebenbei gesagt: Isabella verliebte sich in Matteo, überhaupt nicht mein Typ, dunkles Haar, dunkle Augen, total sinnliche Lippen, groß und muskulös. Da wir nun beide in Jungs von nebenan verliebt waren, erkundeten wir ihr Terrain am Zülpicher Platz. Wie immer waren wir eine ganze Clique und hatten viel Spaß mit denen. Aber wirklich beachtet haben die beiden uns nicht. Wir aber ließen nicht locker. Bis jetzt läuft noch alles natürlich ab. Die jungen Frauen gehen zu den Männern. Die jungen Frauen wählen aus, nicht umgekehrt. (Sogar im Tierreich ist das teilweise so, habe ich inzwischen gelernt.) In strengen muslimischen Familien durchkreuzt der Vater vielleicht die heimlichen Wünsche der Tochter und sucht ihr den Mann aus. Und wenn sie doch ihren Gefühlen folgt, wird sie (in seltenen Fällen, bekannt als Ehrenmord) vom Bruder im Auftrag des Vaters erschossen. Woanders wird sie vielleicht verkauft. Und ich Wildwuchs in Köln?

Es kam der Tag, an dem sich mein Traum erfüllte, freitags im Quäker. Ich hatte meiner Mutter erzählt, dass ich bei Isabella schlafe und Isabella hatte ihrer Mutter erzählt, dass sie bei mir schläft.

Meine Schwester war auch wieder dabei, wie immer. Sie hatte da so eine Erpressermethode drauf: Wenn du mich nicht mitnimmst, sage ich der Mama... Ich nahm sie also mit. Die Disko war zu Ende, wir standen draußen vor dem Quäker mit Alessandro, Matteo und anderen Freunden. Die hatten die Idee, zum Zülpicher Platz zu laufen und in einer Pizzeria eine Pizza zu essen und luden uns dazu ein. Matteo war total aufgekratzt, trommelte mit den Händen auf dem Fensterbrett herum, als wolle er den Quäker zum Einsturz bringen, und sang dabei. Isabella hing an ihm, mit den Augen. Er spielte normalerweise in einer Kellerband Schlagzeug und wirbelte auf dem Fensterbrett herum, als wäre er mit seiner Band auf der Bühne, schlug dabei gegen die Fensterscheibe. Die ging zu Bruch und seine Hand blutete heftig. Nun hatte er nur noch eine Sorge: dass seine neue Lederhose vom Blut versaut werden könnte. Ein Jugendleiter versorgte ihn, die Hose blieb sauber, das zerbrochene Fenster unerwähnt und wir zogen Richtung Zülpicher Platz. Ich war aufgeregt: den ganzen Abend mit Alessandro zusammen! Vielleicht würde es heute Abend bei ihm endlich zünden. Es musste! In der Pizzeria saß er mir genau gegenüber. Wenn das nicht half, bei meinen Augen! Mein Gott, in der Zeit der ritterlichen Minne im Mittelalter saßen die jungen Ritter demütig und verliebt unterm Fenster der Angebeteten und sangen ihre Liebeslieder beim Klang ihres Zupfinstruments. Unsere Jungs sangen nicht, himmelten uns nicht an, sie blödelten. Mein Alessandro hatte auf einmal seine Hände unterm Tisch, kaute noch an seiner Pizza Margherita und schrie mit vollem Mund, er habe fünf Mark gefunden, wir sollten mal unter den Tisch gucken. Taten wir auch, wir Mädchen, und dann sahen wir, quiekten und schrien und schauten sofort beschämt weg. Der Kerl hatte sein Ding aus der Hose herausgeholt, die Jungs hatten ihren Spaß an unserem Schreck. Vielleicht war das ja die direkte Minne, der kürzeste Weg. Damals war ich nur rot geworden wie die anderen Mädchen. Es änderte nichts an meiner unsterblichen Verliebtheit in diesen Jungen.

Nachdem wir gegessen hatten, strömten wir alle raus, die anderen Jungen verabschiedeten sich und Isabella und ich (ja, natürlich, und meine Schwester) standen plötzlich allein da mit unseren beiden Halbgöttern. Matteo schlug vor, zu seinem Freund zu gehen, der in einem italienischen Männerheim wohnte, da brauchten wir nicht hier draußen in der Kälte herumzustehen. Das klang verheißungsvoll. Dieser Freund Lorenzo wohnte dort in einem Zimmer mit drei anderen jungen Italienern, war aber an diesem Abend allein. Er saß oben auf einem der beiden Etagenbetten. Mein Schwesterchen schwang sich da hinauf und setzte sich zu ihm. Ich setzte mich mit Alessandro auf das untere Bett, Isabella und Matteo standen etwas unentschlossen im Raum, fanden dann aber auch ihren Platz.

Ich war total im Glück, ich saß neben ihm! Die anderen beachteten uns nicht und unterhielten sich. Auf einmal spielte Alessandro mit meinem Haar, ich wandte mein Gesicht seinem zu und er küsste mich. Er legte die Decke über uns und wir küssten uns weiter. Dabei blieb es nicht. Diesmal nicht und ich wollte es! Vielleicht hatte auch ich ja die heimliche, diesmal allerdings weibliche Idee: Dann gehört er mir – für immer. Er streichelte mich, zog mir die Hose aus, langsam und unaufgeregt, er legte sich auf mich und drang in mich ein. Wir schliefen miteinander, gaben keinen Laut von uns. Die anderen kümmerten sich nicht um uns oder taten wenigstens so. Nur Mary fragte, warum das Bett so wackelt. Isabella reagierte blitzschnell: Weil Lorenzo mit den Beinen wackelt! Der das nun auch eifrig und sehr überzeugend tat, so dass Mary das glaubte. Oder auch nicht.

Es ging ganz schnell, er kam gleich. Ich hatte nicht viel davon, so könnte man es als erwachsene Frau ausdrücken. Aber das war mir damals nicht wichtig. Viel wichtiger war, er wollte mich. Und wenn ich heute zurückdenke, war ich in einem Glauben an das Glück, wie ich es vorher noch nie erlebt hatte. Es war der Glaube an die große Liebe. Man fühlt so stark, dass man glaubt: der andere auch.

Irgendwann in der Nacht mussten wir gehen, weil Lorenzos Zimmergenossen heimkamen und in ihre Betten wollten. Dass wir unseren Müttern weisgemacht hatten, dass wir bei der Freundin schlafen würden, machte die Nacht nun lang und kalt. Wir lungerten auf der Straße herum, Mary nörgelte und wollte nachhause. Ihr war kalt und sie wollte in ihr Bett. Aber nachhause konnten wir nicht gehen. Gehen wir zu mir, sagte Isabella, Und dann übernachteten wir alle bei ihr, sie in ihrem, ich mit Mary in dem breiten Bett ihrer abwesenden Mutter. Die machte am nächsten Morgen große Augen. Keine Ahnung, woher sie kam. Es schien in diesem Haus alles nicht so problematisch zu sein. Isabella erzählte ihr irgendeine Geschichte, ich verstand nichts, weil sie italienisch plapperten. Ich war mit meinen Gedanken eh ganz woanders: Beim nächsten Mittwoch! Da würde ich Alessandro wiedersehen. Leute, ich dachte ans Heiraten – nicht sofort, aber sobald wie möglich.

Doch dann der große Schock. Im Quäker, wo sonst. Alessandro sah mich und wich mir aus. Ich fragte ihn, was los sei. Er sagte mir rundheraus, dass es mit uns nichts wird, ich sei viel zu jung. Und dann ging er, würdigte mich keines Blickes mehr. Ich verstand die Welt nicht mehr. Was war da passiert? Er hat mit mir geschlafen und jetzt das? Meine erste große Liebe! Musste ich mir jetzt schäbig vorkommen? Nein, ich hatte den schlimmsten Liebeskummer meines Lebens. Heute weiß ich, dass ich damit nicht die Einzige auf der Welt war und dass kaum vierzehn genau das Alter ist, wo ein Mädchen diesen tragischsten, schmerzhaftesten Liebeskummer des Lebens haben kann, anderen passiert es vielleicht mit fünfzehn oder sechzehn, mit neun oder neunzehn.

Isabella wollte mich trösten, aufmuntern, aber nichts half. Ich hatte dann die Idee, ihm einen Brief zu schreiben, in dem ich schreiben würde, dass ich ohne ihn nicht leben könnte und wenn er nicht zu mir käme, hätte mein Leben keinen Sinn mehr und ich würde mich umbringen. Doch, ich habe diesen Brief dann auch wirklich geschrieben. Ich gab ihn Isabella, sie hat ihn auch überbracht. Darauf kam aber keine Antwort.

Aber eins weiß die siebenundvierzigjährige Michaela ganz gewiss: dass der Brief die blödeste Idee meines Lebens war – aber auch das können wohl Tausende nachfühlen.

Welche Tiefen mir in meinem Leben auch später widerfahren sind, Selbstmordgedanken hatte ich nie wieder. Ich litt noch einige Wochen still vor mich hin. Am leidvollsten und demütigsten, aber auch erlösend, war das nächste Mal Quäker. Ich sah ihn mit einer anderen. Wie ich später hörte, verliebte er sich total in dieses Mädchen, doch wollte sie bald nichts mehr von ihm wissen. Männern passiert es eben auch, er soll vor Kummer und Leid geweint haben, wie man sich erzählte. Das war kein Trost für mich. Als ich aber viel später erfuhr, dass er nicht mehr lebt, war ich traurig. Während seiner Armeezeit in Italien muss er irgendwie an die Mafia geraten sein und wurde erschossen. Er ist keine zwanzig Jahre alt geworden.

20. Das Blumenkind – Schule ade!

Ich frage mich heute, wann es damit begonnen hatte, dass ich die Schule massiv schwänzte. Das war die siebte Klasse, ein schwieriges Alter, wenn du Eltern hast, die sich nicht kümmern, schwierig auch für die Lehrer, die dich eh nicht mögen und dich schließlich für alles verantwortlich machen, was andere verzapft haben – dann steigst du aus.

Die beschriebenen Episoden einschließlich meiner allergrößten Liebe fallen in genau diese Zeit. Es war ja zuhause auch früh niemand da, der uns auf den Weg schickte mit Frühstück und guten Worten: Pass schön auf in der Schule. Anfangs sind wir noch in die Schule gegangen, Mary und ich, auch wenn wir verschlafen hatten. Schließlich war mir das Zuspätkommen peinlich und ich ließ es ganz. Unsere Mutter schlief nach der Arbeit bis Mittag, irgendwann ich auch. Mehr als schimpfen und herumschreien konnte sie nicht. Mary und ich öffneten uns eine Dose Ravioli oder eine Packung Miracoli, meistens haben wir gar nicht gekocht, aßen nur ein Butterbrot. Danach: Raus auf die Straße in unsere fragwürdige Freiheit.

Immerhin lebten wir in einem Staat und der hatte Gesetze. Er brachte uns allerdings nichts bei, da lag die Verantwortung bei den Eltern, auch für die Einhaltung der allgemeinen Schulpflicht. Aber der Staat sorgte für Konsequenzen. Als ich etwa 100 Schultage geschwänzt hatte, meldete sich das Jugendamt. Zuerst kam eine schriftliche Drohung mit Bußgeldankündigung an meine Mutter. Die hat das nicht ernst genommen. Sie wusste, als Sozialhilfeempfängerin würde sie nicht zur Kasse gebeten. Als eines Tages die Polizei vor der Tür stand, schliefen wir noch. Mama war nicht da. Die Beamten warteten geduldig: Ich ging zur Toilette, wusch mich, zog mich an und ging dann mit einem Polizisten zur Schule. Ein zweiter Polizist nahm Mary mit, sie besuchte eine andere Schule. Schulwelt erlebten wir, bedingt durch unterschiedliche Klassen und Schulen, die ganzen Jahre getrennt. War auch nie unser Thema. Aus diesem Bereich des Tages wussten wir voneinander so gut wie nichts, ein Terrain, wo wir absolut aneinander vorbei lebten.

Ich wurde also abgeführt und vorgeführt wie ein entlaufener Sträfling. Es war das Peinlichste, was ich bis dahin erlebt hatte. Meine Mitschüler fanden das aufregend. Mal was Neues an der Schule, eine unterhaltsame Nummer. Man brachte mir große Aufmerksamkeit entgegen. Ich stand auf fragwürdige Weise im Mittelpunkt. Für die Lehrerin war ich wohl ein hoffnungsloser Fall. Meine Mutter ließ das alles kalt. Und so blieb ich nach wenigen Wochen wieder weg. Die Quittung war: Ich blieb sitzen und durfte das siebte Schuljahr noch einmal absolvieren.

In der neuen siebten Klasse fand ich keinen Anschluss an die Mitschüler und wollte auch keinen. Als ich erfuhr, ob Gerücht oder nicht, dass der Klassenlehrer der Geliebte meiner vorherigen Lehrerin war und zusammen mit ihr und seiner Ehefrau in einem flotten Trio lebte, hielt ich mein Verhalten für gerechtfertigt. In der Welt der siebziger Jahre schien es zwei Welten zu geben, die Hippies der Flower-Power-Zeit in Amerika und Europa und die Welt des Establishments, der Macht. Ich gehörte auf meine Weise zu den Aussteigern, ich war ein Blumenkind. Außerdem gab es die so genannte sexuelle Revolution, die ich mir, dem Zeitgeist folgend, wohl auch selbst organisiert hatte. Mach Liebe, keinen Krieg. Soweit ich noch die Schule aufsuchte, ließ ich alles über mich ergehen, schwieg und träumte und ließ auch zu, dass ich der Sündenbock für alles war, was um mich herum an Störungen vorkam. In den Pausen hatte ich ein paar Freunde, das genügte mir. Dass das Bildungsmanko in mir immer mehr anwuchs, war mir damals nicht bewusst. Und nicht nur das. Wenn du dich derart hängen lässt, hörst du auch auf zu denken. Die Schule soll ja nicht nur Bildungsstoff, sondern auch Denkfähigkeit und Verantwortungsgefühl vermitteln. Nichts von all dem erreichte mich.

Dann war da noch Geronimo, der um mich warb. Aber auch bei ihm brach der kleine Italiener durch und als ich ihm klarmachte, dass er sein Ziel nicht erreichen würde, haute er mir öffentlich auf dem Schulhof eine runter. Jetzt war der Moment gekommen, dass die friedfertige Michaela erstmals zurückschlug. Es war wie ein Reflex. Das Ergebnis: Die Pausenaufsicht, nämlich das Lehrer-Liebespaar, riss uns auseinander und erklärte natürlich mich für schuldig.

Von da an ging ich nicht mehr hin.

Es passierte auch nichts, kein Jugendamt mahnte, keine Polizei erschien und meine Mutter atmete wahrscheinlich auf, weil sie nicht mehr belästigt wurde mit Dingen, die sie störten. Sie war schon, als ich noch ein braves Schulmädchen war, kein einziges Mal bei einem Elternabend gewesen. Von ihrer eigenen Schulzeit weiß ich nichts, aber heute denke ich, für sie war Schule ein notwendiges Übel, man kam auch ohne sie aus.

Natürlich blieb ich wieder sitzen, habe es folglich nicht in die achte Klasse geschafft. Ich sei jetzt auch nicht mehr schulpflichtig, hieß es. Ich war vierzehn Jahre alt. Ich war mit der Schule fertig – in der doppelten Bedeutung dieses Ausdrucks. Ohne Hauptschulabschluss blickte das Mädchen aus der bildungsfernen und kriminellen Unterschicht also in eine ungewisse Zukunft.

21. Liebe italienisch Nr. 3

Und wie ging es mit Isabella weiter? Auch sie hätte für ihre große Liebe alles getan – und das forderte er auch: Matteo. Es war an einem Tag, meine Mutter nicht zu Hause, ich mit Stubenarrest belegt, den ich inzwischen als eine Art Privileg betrachtete, als die günstigste Gelegenheit für intime Zweisamkeit, in diesem Fall einmal nicht für mich, sondern für die arme, von Liebe geplagte Isabella. Sie besuchte mich also und brachte ihn mit. Sie glaubte, nun würde die Entscheidung ihres Lebens fallen, er würde sich endgültig und für immer für sie entscheiden. Ob sie mit Matteo allein in meinem Zimmer sein dürfte. Na klar. Auch Matteo war wohl mit großen Erwartungen gekommen, es würde Sex mit Isabella geben. Für unsere Altersklasse waren die Möglichkeiten ja sehr beschränkt. Mein Stubenarrest war eine solche, für die Jungs wohl eher ein Spielfeld. So weit konnten die Träume auseinander liegen: Isabellas Traum vom Leben mit Matteo – und Matteo träumte nur von Sex mit dieser reizenden Italo-Spanierin. Da war schon ziemlich viel Natur im Spiel, und die Natur war es auch, die zur Katastrophe führte: Ich verdrückte mich ins Wohnzimmer, wo ich mich dem Fernseher widmete. Dann hörte ich, wie Isabella noch einmal zur Toilette ging. Plötzlich riss sie die Tür zum Wohnzimmer auf und in Panik teilte sie mir mit, sie habe ihre Periode bekommen. Hilfe!! Als sie es dann Matteo sagte, benahm der sich, wie sich italienische Früh-Machos eben verhalten: Er flippte aus. Fühlte sich verarscht. Wollte einen Beweis. Den besah er sich schließlich im Klobecken. Ein abgekartetes Spiel, fluchte er, und verließ ohne ein weiteres Wort, aber mit jenem Türknall, den ich schon kannte, die Wohnung.

Etwas anderes aber war ein abgekartetes Spiel von ihm, und es war das übliche Spiel und ich komme nicht umhin, auch dieses Beispiel meiner Naivität mit gerade vierzehn zu erwähnen. Ich hätte es ja nun wissen müssen! Aber nein! Ein paar Monate später beichtete Matteo mir, ja mir!, wie leid ihm das mit Isabella täte. Und dass er eigentlich von ihr gar nichts gewollt habe, er sei schon immer (Leute, schon immer!) in mich verliebt gewesen! Die doofe Michaela glaubte das, ja war geradezu hingerissen: so ein schöner Junge! (Dabei hatten seine wulstigen Lippen sie einst gestört, gar nicht ihr Typ.)

Vielleicht kann man nach der Alessandro-Pleite meinen Griff nach diesem Strohhalm ein wenig verstehen: Da liebt mich wenigstens einer! Blöder kann man eigentlich nicht sein, aber ich war es.

Er zog die gleiche zärtliche, verlogene Tour ab wie einst Agostino. Und ich fiel darauf herein, bis er mich in seine Art von Schwitzkasten nahm, mir den Mund zuhielt, ich mich auch bei ihm nicht wehren konnte, nicht einmal schreien, und er mir ohne Vorspiel, Vorwarnung und ohne Gleitgel sein Ding in den Hintern steckte. Ich fühlte mich wie ein Stück Holz in einem Schraubstock und er drehte die Schraube rein. Holz empfindet keinen Schmerz. Aber ich! Es tat weh, es tat furchtbar weh. Das Wort Analverkehr hatte ich wohl schon mal gehört, jetzt wusste ich, was das ist und dass ich sein Objekt für diese Übung war. Warum ich!?

Als er fertig war, sagte ich, ohne meine Stellung verändern zu können: Raus! Ich konnte nur ganz leise und zittrig sprechen. Raus aus der Wohnung und lass dich hier nie wieder sehen! Er tat, was ich sagte.

In der Wohnung waren wir nicht allein gewesen, im Zimmer schon. Ich hatte ja wieder mindestens die halbe Clique mit in die Wohnung genommen – hurra, was hat Michaela für eine tolle Freiheit zuhause!

Die anderen hatten sich auf die restlichen Räume verteilt und ziemlichen Lärm gemacht. Auch ihnen sagte ich dann von Tür zu Tür: Haut ab, meine Mutter kommt gleich. Sie sahen mich an, erschraken über mein Gesicht, schlichen alle raus, obwohl ich wusste, Mama würde nicht kommen. Nur Mary erschien in der Tür und fragte, ob ich krank sei. Sie sah mir die Schmerzen an. Schon gut, Kleine, sagte ich und legte mich ins Bett. Heute weiß ich, dass ich mich damals den Jungs wie eine Bettlerin zu Füßen warf und um Liebe bettelte. Nur: Was die wollten, war etwas ganz anderes und sie nahmen es sich mit Gewalt und Heimtücke. Es handelte sich um ein grundlegendes Missverständnis. Ich verfluchte diesen Mistkerl und sage hier nicht, was ich ihm wünschte.

Ein Jahr später erfuhr ich, dass Matteo, der gerade achtzehn geworden war, bei der ersten Fahrt nach dem Erwerb des Führerscheins einen tödlichen Unfall hatte. Das hatte ich ihm nicht gewünscht, ich bin auch nicht abergläubisch. Es war auch keine Trauer, eher eine Art Bedauern und Mitleid, was mich damals bei der Nachricht überkam. Es muss eine der typischen übermütigen Fahrten junger Leute nach einer Disko gewesen sein. Sie saßen zu fünft im Auto, nur er kam um, die anderen überlebten verletzt.

22. Immer noch waren wir Kinder

Nach diesem Wechselspiel der Liebe, das uns, da wir es unbekümmert spielten, heftige Schmerzen, solche im Herzen und solche im Hintern, zugefügt hatte, trat Emre auf meine kleine Lebensbühne, ein türkischer Junge, aber immerhin kein ganzer Türke, nur ein halber, der niemandem „hinten weit in der Türkei" versprochen war, der eine deutsche Mutter hatte und Kölsch sprach, einer der in Köln geboren war. Einer wie ich. Durch ihn veränderte sich mein Leben total.

Ich selbst veränderte mich nicht. Da er sehr oft bei uns zuhause war, durchlief ich alle Stadien des bekannten Spiels nun auch mit ihm.

Es hatte angefangen wie immer: in einem Jugendhaus, das in Ossendorf. In der Clique dort war er der Chef, ich wurde also wieder die Braut eines Stammesfürsten, der mich beschützte, aber ohne aufdringlich zu werden. Er war auf zurückhaltende Weise zärtlich, was ich genoss. Er war der Junge, wie ich ihn immer haben wollte. Alle respektierten ihn und somit auch mich. Wir waren viel unterwegs, immer zu Fuß, oft auch im Freibad, wo die Jungen sich an uns austobten auf eine Art, die wir Mädchen geradezu herausforderten: Wir wollten das, diese kleine Jagd, bei der wir kreischend wegliefen, wenn sie uns mit nassen Handtüchern auf unsere Bikini-Ärsche klatschten. Ich war zwar vierzehn, aber immer noch waren wir auch Kinder, auch die Jungs. Das war das Schöne an Emre: Er war nicht zielgerichtet auf das Eine aus, das immer alle wollten. Er beschützte mich, ließ mich nie allein, brachte mich nach Hause. Er passte gut auf mich auf, meine Mutter mochte ihn auf Anhieb, ein schöner und sensibler Junge, bei jedem anderen hatte sie stets etwas auszusetzen gehabt, obwohl ihr Maßstab für mich nicht unbedingt maßgebend war. Emre durfte sogar bei uns übernachten, aber hübsch getrennt. An Tagen, wo auch Isabella mit ihrem neuen Freund bei uns war (auch bei ihr ging der Wechsel rasch nach der gescheiterten großen Liebe), durften alle bei uns übernachten, die Jungs in einem Zimmer und wir Mädchen in einem anderen. Mir gefiel das, es hatte was von Ordnung und ich entdeckte wieder einmal einen Zug an meiner Mutter, der mir entsprach. Manchmal erblicke ich in ihr meine Züge.

Auch deshalb war Emre gut für mich, ohne dass er das ahnen konnte.

Es gab eine ziemlich lange Zeit, da wir uns nur küssten, danach die berühmte Pettingphase, in der ich von seinen Vorgängern überfallen worden war, urplötzlich und gewalttätig. Emre jedoch hatte sich total unter Kontrolle und das fand ich ausgesprochen beruhigend. Wenn ich nein sagte, ließ er sogleich die Finger von mir. So wusste ich, wir würden zusammen schlafen, wenn wir beide es wollten. Ich konnte das bestimmen. Nach längerer Zeit kam es dann auch so. Und er hatte sich auch vorsorglich darum gekümmert, hatte Kondome und Zäpfchen besorgt. Auf diese Weise hatten wir ein unbekümmertes Liebesspiel und ich war hinterher noch genauso verliebt in ihn wie vorher, eher noch ein bisschen mehr. Überhaupt war er männlicher, besonnener als die, die ich bisher kannte. Vielleicht lag es auch daran, dass er mit sechzehn sich schon einer gewissen Verantwortung bewusst war. Während sich meine vorherigen Rambos einen Dreck um Verhütung gekümmert hatten.

Natürlich kann ein Kondom auch mal platzen.

23. Die Stimme der Natur

Es gibt eine Redewendung, die jeder kennt: Ich kann dich nicht riechen. Bei mir betraf das bisher vor allem die aufdringlichen alkoholisierten Männertypen, die meine Mutter anschleppte. Ich konnte diese Kerle nicht riechen.

Aber was meinem Emre passierte, trifft manchmal ganz unverhofft junge Männer, die unbemerkt in eine neue Lage geraten sind. Als mein Liebster wie gewohnt zu mir kam, konnte ich ihn auf einmal nicht mehr riechen. Ich wandte mich ab, wenn er mich küssen wollte. Er kommt zur Tür herein und sieht nicht meine Freude, sondern so etwas wie Ekel und Ablehnung auf meinem Gesicht. Er wurde mir immer unangenehmer und unsere Beziehung litt darunter. Das führte zu Streit und er wurde traurig. Irgendwann hatte er von mir die Nase voll. Ich hatte mich abgewendet, er hatte keine Erklärung dafür, hilflos und gekränkt kehrte er mir für immer den Rücken.

Was er nicht ahnen konnte und auch ich noch nicht kapiert hatte: Er hatte Nachwuchs gezeugt, über das geplatzte Kondom und am Zäpfchen vorbei. Aber ehe ich das begriff, und mich betraf es ja ganz anders, totaler, bis ich begriff, dass ich schwanger war, verging eine Ewigkeit. Halt ihn fern, hatte mein junges Mädchengehirn über mein Riechorgan signalisiert, bevor ich es denken konnte, du hast jetzt eine andere Aufgabe. Ein Ausstoß mir unbekannter Hormone sorgte für diesen Sinneswandel. Mit diesem Phänomen haben ja auch manche unerfahrene junge Ehemänner zu kämpfen, wenn sie Vater werden, die jungen Ehefrauen wenden sich zeitweilig oder ganz ab, erst ihrem Bauch und dann ihrem Baby zu.

Mit der neuen Situation ändert sich alles, in dir wächst eine neue Aufgabe heran, das Liebesspiel hat zu pausieren. In mein Bewusstsein war das noch lange nicht vorgedrungen. Manchmal denkt unser Gehirn auch ohne uns. Klar. Was unsere Leber macht und dass unser Herz schlägt, denken wir ja auch nicht.

Ich bekam meine Periode nicht mehr und das war beim dritten Mal das erste Alarmzeichen für mich. Meiner Freundin Marianne, die in der Wohnung unter uns wohnte, vertraute ich mich an. Sie sprach mit ihrer Mutter und bekam den deutlichen Rat: Das Mädchen sollte einen Frauenarzt aufsuchen. Ich und schwanger? Ich redete mir alles Mögliche ein, tief in meinem Innern aber wusste ich: Das war die Antwort. Ich verdrängte es, wollte es nicht wahrhaben. Damals, als Mama den Nudelsalat nach mir warf, mich eine Hure schimpfte, hatte ich zwischen den Glassplittern und den stinkenden Nudeln auch die Splitter ihres Satzes aufgenommen: Wenn du schwanger wirst, mache ich deine Figur zur Achterbahn! So ein Satz! Von einer Mutter! Jetzt hatte ich nur noch Angst. Ich verdrängte weiter und das ging eine Weile gut. Es durfte nicht wahr sein! Mitten hinein in meine Verdrängung eine Nachricht, an die ich mich sofort klammerte: Ich durfte weiter zur Schule gehen. Ein Schulkind kann gar nicht schwanger sein! Eine Lehrerin, Frau Bergmann, hatte sich für mich eingesetzt. Es gibt ja Menschen, die genauer hinsehen und etwas von dem wahrnehmen, wie jemand wirklich ist oder sein könnte, die tiefer blicken, eine Vierzehnjährige nicht für Herkunft und Milieu verantwortlich machen. So ein Mensch war Frau Bergmann und ich bekam die Erlaubnis, die achte Klasse doch zu machen und abzuschließen. Ich hätte dann immerhin den Hauptschulabschluss! Die Schule, die diesen außergewöhnlichen Fall einer zweimaligen Siebtklässlerin, die gar nicht mehr schulpflichtig war, genehmigte, lag allerdings in Vogelsang, ein ganzes Stück weg von meinem Terrain.

In Vogelsang aber wohnte Fred, der einstige Schulfreund meiner Mutter, der Lebenskünstler, unser gemeinsamer schwuler Freund, der mich mit den Rollerblades und seiner Tanzkunst so ulkig hinters Licht geführt und fasziniert hatte. Er besaß dort ein kleines Häuschen, ähnlich unserem Kindheits-Hexenhäuschen vom Kohlehof, aber mit einem Anbau, darin zwei Gästezimmer. Das Häuschen war wirklich sehr klein, aber wir hatten schon kleiner gewohnt und so lebten wir, also meine Mutter und ich und der neue Freund meiner Mutter, der Holger, eine Zeitlang bei ihm und ich hatte einen kürzeren Schulweg. Zwischendurch wieder in unserer Wohnung, dann wieder bei ihm. Mary blieb die ganze Zeit in unserer Wohnung, war aber selten allein, weil wir ständig hin- und herzogen. Meine Mutter wohnte dann auch mal nur mit Holger bei Fred während ich, genervt von den beiden, zu Hause bei Mary blieb und den erheblich längeren Schulweg in Kauf nahm. Oder auch Mama mit Holger bei Mary und ich allein bei Fred. So wie es bei uns mit den Beziehungen war, so auch mit dem Wohnen: Hin und her und wieder zurück, obwohl die Umstände eigentlich Stabilität verlangten. Das Milieu und die Vorurteile zogen mit um und ein Schulkind kann diese bildungsferne Schicht nicht einfach abstreifen wie eine Schlangenhaut. Mama veranstaltete diese Umzugshektik ganz offensichtlich in ihrem eigenen Interesse und nicht zu meiner schulischen Unterstützung. Ich besuchte also die achte Klasse.

Und noch immer konnte ich verbergen, was mir Angst machte. Dann aber: Mama kam zufällig in Freds Bad, als ich in der Badewanne stand und mich abtrocknete, deutete auf die Dehnungsstreifen, die ich nun auch zum ersten Mal richtig wahrnahm und fragte: Was ist denn das? Keine Ahnung, sagte ich; sie verließ kopfschüttelnd das Badezimmer. Nun platzte, Monate nach dem Kondom, sichtbar auch meine Haut. Und meine Verdrängungskunst war damit auch geplatzt. Ich besprach mich erneut mit Marianne. Sie hatte Erfahrung, nahm die Pille und konsultierte ihren Frauenarzt, der sie ihr regelmäßig verschrieb. Mir nützte jetzt zwar keine Pille mehr, aber vielleicht die nackte Wahrheit, ein Befund. Mariannes Autorität war so groß, dass der Doktor auf ihr Drängen hin mich Minderjährige auch ohne die Begleitung von elterlichem oder amtlichem Vormund untersuchte. Der Ultraschall zeigte mir, undeutlich zwar, ein Bild von einem kleinen Menschen. Ich war im sechsten Monat. Selbst der Arzt wunderte sich, dass ich noch keinen dicken Bauch hatte.

Leute, ich war in der achten Klasse, eine Lehrerin hatte sich für mich eingesetzt! Ich war vierzehn Jahre alt und im sechsten Monat schwanger! Das war zuviel. Mich umzubringen war aber keine Idee, ich wusste dennoch nicht ein noch aus. Wozu hat man eine Mutter? Mariannes Mutter sagte, der Bauch würde jetzt sehr schnell dicker werden und ich müsste regelmäßig zur Untersuchung, damit meinem Baby nichts passiert. Mein Baby! Dieser Gedanke erlöste mich. Das Baby erlöste mich! Es meldeten sich Muttergefühle: Was da in meinem Bauch heranwuchs und seine Beinchen gegen meine Bauchdecke drückte, dass sie sich wölbte, war mein Kind. Ich war seine Mutter! Das einzige Hindernis war jetzt meine Mutter. Mariannes Mutter wollte sich darum kümmern, dass meine Mama nicht ausflippt. Sie ging dafür einen Umweg und verständigte sich mit Holger. Mamas neuer Freund versicherte mir, dass er das mit Mama schon hinkriege. Ein Treffen wurde arrangiert in einer Kneipe der Altstadt. Ich war mit Holger etwas früher gekommen. Wir warteten nicht lange, bis auch sie erschien. Mein Herz raste. Ich saß da mit gesenktem Kopf, mein langes Haar verdeckte mein Gesicht, mir liefen schon die Tränen. Sie setzte sich neben mich, schob mein Haar zur Seite, schaute mich an und sagte: Wir kriegen das schon hin. Es klang ungewohnt liebevoll.

Jubel, Freude, Glück! Ich war so froh, dass sie nicht losschimpfte, mir keine Vorhaltungen machte, nicht drohte. Mir fiel ein Stein vom Herzen und ich war dem Holger so dankbar, dass er das geschafft hatte: Einen liebevollen Blick meiner Mutter! Ich legte meine Hand auf meinen Bauch und wischte mit der anderen die Tränen weg.

An eines hatte ich bis dahin überhaupt nicht gedacht. Was hatte sie denn gemeint mit „Das kriegen wir schon hin"? Ging der Schrecken weiter? Denn sie sagte plötzlich und wie nebenbei: Jetzt müssen wir nur noch einen Arzt finden, der das Kind abtreibt. Ich hätte laut schreien können: Das will ich nicht! Aber ich blieb still und setzte meine ganze Hoffnung darauf, dass das im sechsten Monat kein Arzt mehr macht. Also ging ich diesmal mit Mama zu einem

Frauenarzt, der noch einmal feststellte, dass ich schwanger war und dass es für einen Eingriff viel zu weit sei. Puh, war ich froh. Das wiederholte sich bei einem weiteren Arzt (meine Mutter ließ ja nicht locker), von dem bekannt war, dass er es auch dann macht, wenn man über drei Monate hinaus war. Der sechste Monat war aber auch dem zu heikel, er verwies uns nach Holland oder England. Es gebe dort Ärzte, die Abtreibungen auch in diesem Stadium durchführten, illegal natürlich und nur für viel Geld.

Hörte diese Tortur nie auf? Musste ich jetzt mit Mama nach England fahren? In welcher Welt lebte ich, was waren das für Ärzte! Und Mama? Wollte sie mein Kind wirklich umbringen lassen? Es würde am Geld scheitern, hoffte ich, wenigstens das! Vom Ankleideraum aus hörte ich, wie Mama dem Arzt genau das bestätigte: Soviel Geld haben wir nicht, nicht einmal das Reisegeld, und wenn wir dort sind, heißt es vielleicht auch nur: Sorry, da können wir nichts mehr tun. Nüchtern rechnen und kalkulieren konnte Mama gelegentlich, mir aber wäre lieber gewesen, es wäre aus dem Herzen gekommen und sie hätte mit mir zusammen aufgeatmet. So jubelte ich nur innerlich, aber es war ein verhaltener Jubel. Was würde noch kommen?

Zuhause wurde dann nicht mehr über Abtreibung gesprochen und mein Bauch explodierte, so dass sich Mama, inzwischen völlig verändert, auf nette Art lustig machte. Wenn ich zur Tür hereinkam, rief sie: Da kommt Michaela, voran der Bauch, dann die Nase und hinterher der Rest.

24. Mein Baby

Meine Schwangerschaft verlief ohne Probleme, ich fühlte mich wunderbar, meine Haare wuchsen schneller als sonst und auch meine Fingernägel. Ich drehte mich vor dem Spiegel und war mit mir zufrieden. Und im Innern das Gefühl: Du hast alles richtig gemacht. Außerdem wusste ich, dass die biologisch beste Zeit, Mutter zu werden, zwischen achtzehn und zweiundzwanzig liegt, ich ja viel näher dran war als Frauen, die, wie es immer üblicher wurde, ihre Kinder erst mit dreißig oder gar vierzig bekommen. Fast fühlte ich mich denen überlegen. Die Heilige Maria muss wohl auch in meinem Alter gewesen sein. Zumindest ist es keine Katastrophe, mit fünfzehn ein Kind zu bekommen. Wenn einem wirklich geholfen wird! Es ist auch kein Merkmal von Verkommenheit. Die sah ich ganz woanders.

Viele um mich herum kümmerten sich rührend um mich, jetzt auch meine Mama. Sie war wie ausgewechselt, liebevoll, fürsorglich, immer auf mein Wohl bedacht. Sie „bettelte" und sammelte überall, wo sie die Gelegenheit dazu bekam, besorgte alles, gebraucht und geschenkt: Kinderwagen, Kinderbett, Badewanne und jede Menge Kleidung für das Baby. Mein Baby. Alles war perfekt, zumindest zuhause. Das Quartier in Freds Häuschen hatten wir inzwischen wieder aufgegeben, der Schulweg war also wieder länger, Mama fuhr mich ab und zu, manchmal holte Fred mich ab.

Auch die Oma machte mir schließlich kein Problem. Bevor sie kam, hatte ich ein bisschen Angst. Wie würde sie reagieren? Ich liebte meine Oma sehr und ich war immer ihr besonderer Liebling gewesen. Dabei denke ich auch an unseren gemeinsamen Einkauf zu meiner Kommunion. Aber sie war es auch, die meiner Mutter als Kind das Leben zur Hölle gemacht hatte. Würde sie sich nun von mir abwenden? Würde ich ihr Liebling bleiben?

Dann erschien sie. Sie klingelte unten und ich drückte oben mit einem mulmigen Gefühl den Öffner, ging vor zum Treppenabsatz und sah sie da unten stehen. Sie verharrte für einen Moment wie eine Statue und schaute böse zu mir hoch. Dann kam sie mit harten Schritten die Treppe rauf. Als sie vor mir stand, sah sie mir immer noch streng ins Gesicht, schüttelte den Kopf. Ihr Blick, fest auf mein Gesicht gerichtet, schien meinen Bauch zu ignorieren. Nee, nee, nee, sagte sie, was machst du für Sachen. Es klang gar nicht lustig. Erst jetzt senkte sie den Blick auf meinen runden Bauch. Ihr Gesicht hellte sich ein wenig auf, sie nahm mich in den Arm und gab mir einen Kuss. Nun war auch das überstanden.

Nur meine Freunde zogen sich nach und nach von mir zurück. Spielplatz und Jugendhaus rückten in eine weite Ferne und lösten sich auf. Ich lebte nicht mehr in einer Clique, ich lebte in einer Familie.

Allerdings ohne den Vater meines Kindes, den hatte ich fast vergessen. Meinen eigenen Vater hatte ich schon lange abgeschrieben. Wir waren eine Weiberfamilie. Mary gehörte dazu, wenn sie auch das Leben draußen, die Freunde, die Clique nicht aufgab. Das Baby bekam ja ich, das machte einen gewissen Abstand. Aber sie war lieb, die zukünftige Tante mit dreizehn Jahren. Auch Isabella erschien noch ab und zu, man sah ihr aber an, dass das nicht ihre Welt war: Schwangerschaft und Kinderkriegen. Ihr Leben lag weiterhin da draußen, wo man tanzte und lachte und knutschte. Und vögelte! Ja, ich war ja nicht die Einzige, die in diesem Alter Sex hatte, ich war in unseren Kreisen nicht einmal eine Ausnahme, für die anderen war ich wohl die, die eben Pech gehabt hatte.

Das Ende der Schwangerschaft rückte näher und ich machte mir Gedanken über die Geburt. Wie ich wusste, hatte Mama immer sehr schmerzhafte Geburten erlebt. Ich stellte mir jetzt sehr bildlich vor, was ich darüber gehört hatte und bekam Angst. Unser Freund Fred sah meine Angst und sagte etwas, das zwar nicht tröstlich, aber vollkommen richtig war: Du musst jetzt da durch, etwas anderes gibt es nicht. Du hast keine Wahl, aber hinterher ist es vorbei, freu dich darauf, freu dich auf dein Baby! Diese Worte von Fred waren eine wirkliche Hilfe. Sogleich ging es mir besser, ich fand mich damit ab und meine Gedanken kreisten nun vor allem um praktische Dinge.

Nur den Konflikt mit der Schule konnte ich nicht lösen. Ich fühlte mich der Lehrerin, Frau Bergmann, irgendwie verpflichtet, weil sie mir diese Chance gegeben hatte.

Ich ging also weiter zur Schule, mein Bauch war den Blicken meiner Mitschüler preisgegeben und ich erntete Hohn und Spott. Es war Mobbing ohnegleichen, versteckt und offen. Ich war ein gefüllter Truthahn oder hatte einen Braten in der Röhre. Das hielt ich nicht aus, auch nicht das leise Flüstern und Kichern hinter meinem Rücken. Natürlich beteiligten sich die Lehrer daran nicht, aber sie halfen mir auch nicht wirklich. Keiner von ihnen sagte vor der Klasse ein offenes freundliches Wort oder verlangte wenigstens Anstand im Umgang mit mir. Ich war unten durch. Für einige war ich das Synonym für Schande. Manches wird auch auf das Konto der Eltern von Mitschülern gegangen sein, die mich ihren Sprösslingen als abschreckendes Beispiel hinstellten.

Nur Frau Bergmann versuchte mich zum Bleiben zu bewegen, konnte meine Lage aber wohl beurteilen und wird Verständnis gehabt haben, als ich wegblieb, diesmal für immer.

Am 3. März 1983 morgens um acht ging es los. Ein Ziehen im Unterleib hatte mich geweckt. Ich kannte diesen Schmerz von meinen Regelblutungen, nur war er an diesem Morgen nicht so stark. Die Wehen! So schnell habe ich meine Mutter noch nie aus dem Bett aufstehen, ja aufspringen sehen. Bald kamen die Schmerzen in kürzeren Abständen und stärker. Bewegung ist jetzt gut, sagte Mama, und ich lief unseren neun Meter langen Flur rauf und runter. Fred und ein anderer Freund erschienen, Mama hatte wohl telefoniert. Kurz vor zwölf kamen die Wehen alle fünf Minuten, das Signal für den Transport zum Krankenhaus. Mama fuhr nicht, weil sie in der Kneipe die Kasse noch zu übergeben hatte, wie sie sagte, so fuhren mich Fred und der Freund von ihm zur Klinik. Die beiden Männer waren nervöser als ich und ich hoffte, dass wir unfallfrei zur Klinik gelangten.

Bei der Anmeldung wurde ich sehr herablassend angeschaut. Sie ließen mich mit Blicken spüren, dass man mit fünfzehn nicht schwanger zu sein hat. Als trüge ich seit fünfzehn Jahren allein die Verantwortung für mich. Nun gut, ich hatte nicht vor, denen meine Biografie zu erzählen. Sie fragten nach dem Vater. Ich schwieg. Das erhöhte ihre Verachtung. Fred als guten Freund der Familie ließen sie nicht mit hinein, so ging ich gesenkten Hauptes allein in den Kreißsaal. Mama würde bald kommen und die müssten sie wohl einlassen.

Ich musste ein Krankenhemd überziehen, bekam einen Einlauf und wurde rasiert. Das war beruhigend, sie taten ihre Pflicht, unabhängig von meinem Alter oder ihrer persönlichen Haltung zu mir. Dann kam eine Hebamme, die mich skeptisch anschaute, aber nicht abfällig, eher ein wenig mitleidig, und nun ihren Job machte. Ich musste mich aufs Bett legen und sie schloss einige Geräte an mich, unter anderem einen Wehenschreiber, der immer wieder runterrutschte. Als er wieder abrutschte, war nur ein asiatisch aussehendes Mädchen im Raum. Noch nie hatte ich in einem Krankenhaus gelegen, war ja auch jetzt nicht krank und kannte die Gepflogenheiten nicht. Der Wehenschreiber rutschte weiter und ich rief in meiner Not und Unwissenheit: Fräulein! und zeigte auf den Wehenschreiber. Sie reagierte nicht. Auch beim zweiten Ruf zeigte sie keine Reaktion. Nach dem dritten Fräulein!! drehte sie sich rasch zu mir um, sagte mit bösem Blick: Sage ich etwa zu dir Schülerin? Ich bin eine Schwester, also ruf mich auch so! Ich schwieg betreten und dann kam die Hebamme. Der Wehenschreiber schien das

Wichtigste im Kreißsaal zu sein. Wie für meine Mama die Kasse ihrer Kneipe wichtiger war als ich. Da er nicht auf meinem Bauch hielt, holte die Hebamme einen, den man einführt und am Köpfchen des Babys befestigt. Immerhin erklärte sie mir, was sie tat, und ich dachte, sie wird schon wissen, was richtig ist. Aber wo bleibt meine Mama?

Als sie diesen Wehenschreiber einführten, platzte die Fruchtblase, ich wusste nicht, ob das programmgemäß war, aber sicher, denn nun wollte das Baby raus. Das ging dann sehr schnell und um 15.41 war er da, der kleine Martin, gesund, kräftig und sehr munter. Ich hörte noch sein für mich beglückendes dünnes Schreien, dann nahmen sie ihn mit und ich wurde in eine Ecke hinter einen Vorhang geschoben und meine Mutter war immer noch nicht da. Als sie irgendwann doch kam, nahm ich es kaum mehr wahr. Sie wollte wissen, wo mein Baby ist. Ich konnte aber nicht richtig antworten, ich war einfach zu müde und schlief wieder ein. Mama schubste mich wach und fragte noch einmal nach dem Kind. Ich hörte sie nur wie aus großer Ferne, da schlug sie meine Bettdecke zurück und ließ einen Schrei los. Sie sah das Blut. Das ganze Bett war voller Blut. Sie schrie und schrie, fast schon hysterisch, nach einem Arzt. Sie erzählte mir das später, denn ich bekam nichts mehr mit.

Irgendwann wurde ich wach, war sehr erschöpft. Meine Mama war da und mein Baby jetzt auch. Alles war gut. Sie sagte mir, dass ich fast verblutet sei, ein Arzt sei erschienen, aber ich hätte keine Bluttransfusion bekommen! Ein Wunder, dass du noch am Leben bist, sagte sie. Ich erschrak noch nachträglich, dachte aber nicht über die Frage nach, ob Mama mich gerettet hatte oder der Arzt. Es war ja alles gut. Nur aus diesem Krankenhaus wollte ich so schnell wie möglich raus, es war mir unheimlich. Alle, auch der Arzt, waren sehr unfreundlich zu mir, das ganze Personal. Die Schwestern aber waren vernarrt in mein Baby. Mein neugeborenes Kind hatte zu ihrem Entzücken lange blonde Haare und sie kämmten dem Kleinen eine Frisur.

Ich konnte kaum laufen, musste aber gehen, um mein Baby zu holen. Später brachten sie es mir, ich durfte die Flasche geben, aber auch das erledigte ich wie im Halbschlaf, mein Kind nahm ich dabei kaum wahr. Dann hatte der Kleine auch noch Gelbsucht und lag in einem speziellen Bett unter besonderem Licht.

Ich bekam Fieber und Mama wollte mich nachhause holen. Der Arzt riet energisch ab. Wenn man im Wochenbett Fieber bekommt, sei das nicht zu unterschätzen. Sie hatte kein Vertrauen zu ihm und behauptete, das sei kein Wochenbettfieber. Mit Geburten und Wochenbettfieber und allem, was damit zusammenhing, schien sie sich besser auszukennen als dieser Doktor. Ob sie hier die Diagnose stellen wolle!, zischte er sie an. Meine Mutter zischte heftiger zurück, ließ sich auf nichts mehr ein und holte mich auf eigene Verantwortung nachhause. Das Fieber war am nächsten Tag weg und ich war erstmals wirklich glücklich mit meinem Kind.

25. Gefangen

Dann bekam ich Kreislaufprobleme und nach vier Wochen auch noch die Windpocken. Aber das ging alles vorüber und wir lebten mit einem Baby zusammen. Der kleine Martin hatte mit seiner Existenz aus unserem zerrütteten Dasein wieder so etwas wie ein Familie gemacht. Für wie lange, darüber wagte ich nicht nachzudenken. Zwei Monate nach seiner Geburt war ich wieder soweit, dass ich mich um ihn kümmern konnte. Bis dahin hatte das meine Mutter übernommen. Ich war fürsorglich, aber wirklich liebevoll? Ich weiß nicht. Ich war von so vielen Problemen belastet, dass das große Gefühl der Liebe zu ihm, das ich empfunden hatte, als er noch in meinem Bauch war, nicht aufkommen konnte. Ich war ungeübt in Babypflege und Mama sagte mir, was ich zu tun hatte. Mit fünfzehn Jahren war ich doch nicht die ideale Mutter, gab mir zwar große Mühe, spürte aber vor allem die Belastung. Das Kind lässt einer so jungen Mama keine Zeit, Schritt für Schritt reif und klug und erwachsen zu werden. Ganz abgesehen vom Bildungsweg, der ist sowieso durchschnitten. Ich erinnere mich, dass ich damals das unbestimmte Gefühl hatte, von etwas überrannt worden zu sein, das Verantwortung verlangte, gleichzeitig fühlte ich mich als hilfloses kleines Mädchen. Wie eingezäunt, wie gefangen.

Meine Freunde hatten sich ganz zurückgezogen, selbst Isabella, die mich immerhin noch ab und zu besuchte, war verändert. Sie lebte in einer festen Beziehung und wenn sie kam, sah ich ihr an: Es würde nie wieder so, wie es einmal war. Es hatte eine Zeit gegeben, da waren wir sehr vertraut, eine innige Freundschaft. Das war nun vorbei.

Und Emre, der Vater des Kleinen? Während der Schwangerschaft habe ich ihm mitgeteilt, dass er Vater wird. Seine Reaktion war niederschmetternd, aber vielleicht zu erwarten gewesen: Das könne nicht sein. Wer weiß, mit wem alles ich noch geschlafen hätte! Da war es nun auch in seinem Kopf, dieses verkommene Mädchen, das es mit jedem macht, wie meine Mutter sich einst ausgedrückt hatte. Nach einigen Wochen kam er mit einem Freund zu mir, allein war er wohl nicht mutig genug. Ich war mit dem Baby zu Hause, niemand sonst. Er wiederholte seine abfällige Behauptung und als sich die beiden Jungen über das Baby auch noch lustig machten (was hat der für komische Ohren!), warf ich sie raus. Später bestätigte ein vom Jugendamt angeordneter Vaterschaftstest, dass er der Vater ist. Aber das hatte für mich keine Bedeutung mehr. Er war in dieser Situation nicht mehr der verlässliche und umsichtige Geliebte und Partner, der Junge, den ich immer wollte, sondern der unreife, verängstigte Typ, der seine Haut retten will und die Flucht ergreift. Alles, nur nicht Vater sein mit siebzehn! Kaum zu glauben, Jahre später war er doch erwachsen und aus meinem Exfreund und dem herangewachsenen Martin wurden doch noch Vater und Sohn. Ich hatte daran keinen Anteil, aber meine Mama. Diese Geschichte wird vielleicht später erzählt.

Meine Schwester Mary hatte sich liebevoll um den kleinen Martin gekümmert, als ich mit Windpocken und Fieber flach lag, aber auch sie hatte jetzt einen festen Freund und der war natürlich wichtiger. Außerdem ging sie ja weiter zur Schule.

Mein Vater? Ich habe ihn informiert, als Martin ein halbes Jahr alt war. Er hatte um die Zeit einen Bootsverkauf und Mary und ich besuchten ihn dort. Unser Anblick versetzte ihn sofort in Abwehr. Das Enkelkind interessierte ihn nicht, er blickte uns an wie jemand der gleich die Hunde loslässt, um uns zu vertreiben. Viel hatte ich nicht erwartet, aber das nicht. Er scheuchte uns mit Beschimpfungen von seinem Hof – seine Töchter! Wollte nichts mehr mit uns zu tun haben. Wahrscheinlich war es seine Angst vor Verpflichtungen, die seinen dunklen Geschäften in die Quere kommen konnten.

So war die einzige wirkliche Hilfe für mich meine Mutter. Ich war auf sie angewiesen, isoliert vom bisherigen Leben hatte ich mich um das Baby zu kümmern. Um diese Zeit verschwand Mamas Freund, der Holger, für einige Monate im Gefängnis. Ich war mir bewusst, dass ich wie festgenagelt in einem kriminellen Milieu lebte, in das ich hineingeboren war und aufgegeben hatte, darüber nachzudenken, wie ich da herauskomme. Obwohl es nicht mein kriminelles Milieu war. Denn ich war es nicht, die log und betrog, klaute, erpresste und zuschlug. Ich hatte sogar um mein Kind kämpfen müssen, damit man es nicht umbrachte. Vielleicht war es auch nicht das eigentliche Milieu meiner Mutter, nur war auch sie darin gefangen. Wie ich?

26. Das Jugendamt gibt auf

Bei minderjährigen Müttern schaltet sich automatisch das Jugendamt ein und ist Vormund für das Kind, bis die Mutter achtzehn Jahre alt ist. Nun mussten sich die Damen, obwohl sie uns schon einmal aufgegeben hatten, doch wieder melden, wenn auch mit Verspätung. Wir waren dem Amt als ein Problemfall bekannt und zwar alle: Vater, Mutter, Kind. Vater abwesend und mehrmals vorbestraft, Mutter Sozialhilfeempfängerin mit schwarzen Jobs im fragwürdigen Kneipenmilieu und nun hatte das Kind ein Kind anstatt einen Schulabschluss. Die Richtung für das Jugendamt schien vorgegeben: Das Kind des Kindes musste da raus! Als die Frau vom Jugendamt sich telefonisch angemeldet hatte, ging meine Mutter sofort in Abwehrstellung. Doch sie war nicht dabei, als die Dame dann wenige Tage später erschien. Eine echte Tranfunzel nach meinem Eindruck. Sie begann mich mit ihren Sprüchen zu belegen, die hervorquollen wie aus einem ausgeleierten Fleischwolf. Ich hätte doch mein Leben noch vor mir. Sollte meinen Schulabschluss machen, für die Erziehung eines Kindes sei ich ja wohl viel zu jung. Fazit: Ich solle mein Kind zur Adoption freigeben. Das sei für alle das Beste.

Dieser Gedanke war mir noch kein einziges Mal gekommen, eine absurde Idee, ich war aufgebracht. Wieder wollte mir jemand mein Kind wegnehmen! Denk in Ruhe darüber nach, sagte die Frau noch, denk an dich und deine Zukunft. Ich komme ja bald wieder.

Ich dachte nur an mein Kind in fremden Händen und erzählte alles meiner Mutter.

Beim nächsten Besuch (die kommen ja regelmäßig, eigentlich um zu schauen, ob es dem Baby gut geht) war meine Mutter dabei. Die gute Frau vom Amt hatte wieder nur ein Thema: die Adoption, die wohl das Beste für das Baby sei. Penetrant, als warte auf dem Markt schon jemand auf den kleinen Martin. Den bösen Blick meiner Mutter vergesse ich nie. Diese Frau wahrscheinlich auch nicht. Schon unter diesem Blick wurde sie kleiner und dann erst unter den

Worten meiner Mutter, die wie aus der Pistole geschossen kamen: Wir werden den Martin niemals, verstehen Sie: niemals! zur Adoption freigeben und damit basta! Und sollten Sie das nächste Mal wieder damit anfangen oder versuchen, die Michaela zu beeinflussen, schmeiße ich Sie eigenhändig aus der Wohnung! Klar?

Was soll ich sagen, die Frau kam nie wieder und auch sonst keiner vom Jugendamt. Sie war vom Erdboden verschwunden wie einst der nackte Kerl im Trenchcoat auf dem Spielplatz, den Mama durch Schläge mit ihren Absatzschuhen vertrieben hatte.

27. Fast wie eine richtige Familie

Holger war inzwischen auf Bewährung frei, lebte bei uns und meine Mutter schien aufzublühen. Sie arbeitete jetzt in einer Kneipe in der Innenstadt nahe den Ringen. Dort hielten sich vorwiegend Drogendealer, Schmuggler und Prostituierte auf, mehr als in der vorherigen Wirtschaft. Hier kamen sie mir alle vor wie eine verschworene Gemeinschaft. Sie waren sehr respektvoll zu Mary und mir. Keiner, der uns blöd anmachte, den Hintern tätschelte oder uns zu irgendetwas überreden wollte. Meiner Mutter begegneten sie mit Hochachtung und es hieß immer, sie würden auch ein Auge auf uns werfen, uns würde nie etwas zustoßen, keine Gewalt, keine Drogen, kein Alkohol, nichts. Ich genoss quasi den Schutz einer kriminellen Vereinigung, der kleine Martin damit auch. Sie kannten ihn vom Blick in den Kinderwagen draußen auf der Straße, als ich einmal mit ihm vorbeigekommen war. Es schien, als wollten sie mich für immer unter dem Dach ihres Schutzschirms halten. Ich sollte irgendwann richtig dazugehören. Aber schon damals sagten mir mein Gefühl und mein Verstand: Das willst du nicht. Doch sie waren, wie ich es heute formuliere, mein soziales Umfeld, ein anderes hatte ich nicht. Es war Mamas Umfeld und ich war auf meine Mutter angewiesen.

Es waren übrigens andere, die mich zum Alkohol überredeten, nicht die Dealer und Zuhälter, es gab ja auch normale Gäste, die ich gut kannte. Bis dahin hatte ich an alkoholischen Getränken höchstens mal genippt. Bei Lara in Spanien am Alster, Bier mit Limo, alles andere fand ich eklig und hatte es stets abgelehnt. Eines Abends spielten wir in Mamas Kneipe Karten, das Bubenspiel: Der erste Bube bestellt, der zweite trinkt an, der dritte trinkt aus und der vierte bezahlt. So vier bis fünf Mal zog ich den dritten Buben und musste dann verschiedene alkoholische Getränke auf Ex trinken. Ich mochte dieses Zeug immer noch nicht – Schnaps, Likör, Kölsch, wollte aber jetzt keine Spielverderberin sein. Im Hintergrund agierte Mama an der Theke, manchmal kam sie auch vorbei. Es schien wie eine Sicherheit. Ich trank unter ihrer Aufsicht. Am Ende war ich betrunken. Zum ersten Mal machte ich die Erfahrung, wie es ist, wenn man die Kontrolle über seinen Körper verliert. Wir fuhren mit dem Auto nachhause und während der Fahrt geriet ich in Panik. Mama hielt, ließ mich aussteigen, ich lief eine Strecke an der frischen Luft, während sie im Auto neben mir her tuckerte. Es half ein bisschen, ich setzte mich wieder ins Auto und ging zuhause gleich ins Bett. Kaum lag ich, schwankte die Decke, die Wände neigten sich. Ich stand wieder auf, lief dann unseren neun Meter langen Flur rauf und runter, während sich Mama über meinen Schlingerkurs amüsierte. Schließlich kochte sie mir einen starken Kaffee. Tatsächlich ging es mir dann auch besser und ich konnte schlafen gehen.

Obwohl Mama immer noch in der Kneipe arbeitete, war sie, seit Holger wieder bei uns war, anders. Sie blieb mehr zuhause, wirkte aufgeräumter, fast glücklich. Holger kochte, wenn er da war, das konnte er und es machte ihm Freude. Draußen schlug er sich mit Gelegenheitsjobs durch. Doch er war jener Typ (und die Ähnlichkeit mit meinem Vater in dieser Hinsicht war offenkundig), der es nicht lange bei einer richtigen Arbeit aushielt. Kann sein, dass er auch der Logik der kleinen Kriminellen unterlag: Von ehrlicher Arbeit wird man nicht reich. Mit dem trügerischen Urteil: Die wirklich bequem und in Luxus lebten, arbeiteten im Allgemeinen nicht. Er hielt sich auch oft bei Mama in der Kneipe auf. Was aber für Mary und mich wirklich wichtig war: Er war zu uns einfach gut, half uns, spielte mit uns, lachte mit uns. Er nahm uns ernst und er fühlte wohl auch, dass wir ihn akzeptierten.

Ich bekam dann auch mit, dass er mit seinen Freunden hin und wieder etwas plante. Dann stapelten sich plötzlich massenhaft Zigarettenstangen bei uns oder Klamotten, auch Schmuck wurde zwischengelagert. Alles wurde dann verkauft. Es kam Geld herein, keine

Reichtümer, aber die Rechnungen und der Lebensunterhalt konnten bezahlt werden.

Mir war zwar bewusst, dass wir von fragwürdigen Geschäften lebten, von Schmugglerware und Diebesgut, aber für die Erwachsenen um mich, auch für Mama, schien das eine normale Lebensform zu sein. Das Illegale war für sie legal. Die Polizei war der Feind. Mein inneres Unrechtsbewusstsein war nicht abgestorben, es schlummerte nur in dieser Zeit, ich hatte für diese Machenschaften schließlich keine Verantwortung, hoffte sogar, dass immer alles gut ausging, und dachte dabei an das Wohl meines kleinen Martin.

Natürlich ging das nicht lange gut.

In seiner Bewährungszeit wurde Holger auf frischer Tat ertappt: Illegaler Handel mit Drogen. Das bedeutete sofort wieder Strafvollzug, Knast. Er trat aber seine Haft nicht ordnungsgemäß an, mit anderen Worten: Er ging nicht hin. Für die Polizei hieß das: Er war auf der Flucht. Dabei saß er noch bei uns zuhause. Natürlich kamen sie zuerst zu uns. Mit der plumpen Ausrede, sich nur die Schuhe anziehen zu wollen, verschwand Holger aus dem Schlafzimmerfenster. Ich schüttelte den Kopf über den in Panik geratenen Holger und über die Polizisten. Die bekamen den Sprung aus dem Fenster zwar sofort mit, liefen ins Schlafzimmer und schossen ihm aus dem Fenster hinterher. Ja, sie schossen, kaum zu glauben, wie in einem Gangsterfilm. Auf diese „intelligente" Art konnten sie ihn an jenem Abend nicht mehr finden. Einige Tage später stellte er sich ihnen auf der Wache. Wo sollte er auch hin, er hatte nur ein Zuhause, das waren wir. So verschworen, wie ich es anfangs wahrgenommen hatte, schien auch die verschworene Gemeinschaft der Dealer und Zuhälter aus Mamas Kneipe nicht zu sein. Eher eine etwas verunsicherte Gemeinde. Und die hatte uns Mädchen für immer beschützen wollen! Keiner von denen hatte sich wohl getraut, den armen Holger zu verstecken. Er saß also seine Strafe in einem sicheren Quartier ab, danach war er wieder bei uns.

Wir akzeptierten ihn dennoch, er war gut zu unserer Mutter, kümmerte sich um uns und um Geld, legal oder nicht, mit ihm fühlte sich das Leben fast wieder so wie Familie an. Wann hatten wir diesen Zustand das letzte Mal? Vor einer Ewigkeit. Holger bevormundete und belästigte uns nicht, spielte mit uns Karten, auch Mama spielte mit. Wir sahen Filme auf VHS-Kassetten an. Da kam immer einer mit einem Koffer voller Kassetten und wir liehen uns dann gegen Bezahlung einige Filme aus, bis der Typ sie nach einer Woche wieder abholte und neue daließ. Auch dieses kleine Geschäft war illegal. Unser ganzes Leben schien illegal zu sein. Die Frage, ob ein legales Leben für uns überhaupt möglich war, stellte sich hier außer mir niemand. Ich sprach sie aber nie aus, kümmerte mich um mein Kind.

Martin war jetzt drei Monate alt und bekam über eine längere Zeit immer wieder Bauchkrämpfe. Er weint und weint und weint und du kannst ihm nicht helfen. Er schläft kaum, weder nachts noch tagsüber. Das war nicht nur für ihn anstrengend, sondern auch für mich, ich sah, wie er sich quälte, und den anderen ging es auch auf die Nerven. Ich suchte den Fehler bei mir, aber ich gab ihm sein Fläschchen nach der richtigen Rezeptur und in der richtigen Temperatur und zur richtigen Zeit. Und er schrie und quälte sich weiter. Auf Mamas Rat gab ich ihm auch Tee, schleppte ihn tröstend durch die Wohnung. Ich machte mir Vorwürfe, weil es keine Muttermilch war, aber meine Brüste gaben nichts her. Ich war deprimiert und in dieser Situation fing Holger an, mich mit dem Gedanken zu plagen, den das Jugendamt mir schon hatte aufdrängen wollen: Freigabe zur Adoption. Holger hatte davon gehört und nun belegte er mich mit dieser Idee, immer wieder und wieder. Und jedes Mal, wenn meine Mutter nicht zuhause war. Wie gut ich es doch haben könnte, würde wieder mit meinen Freunden zusammen sein, mich amüsieren und in Diskos gehen. In mir hämmerte der Gedanke: Man kann das Leben nicht zurückdrehen. Ich habe jetzt Martin. Und ein zweiter Gedanke schlich sich ein: Der will seine Ruhe haben, der will den kleinen Schreihals los sein, unser lieber Holger. Als er mir auseinandersetzte, dass es auch für Martin das Beste sei, wenn er in einer richtigen Familie aufwüchse bei einer erfahrenen und erwachsenen Mutter, klingelte es erneut bei mir: Also waren wir doch keine richtige Familie und würden auch nie eine werden. Er redete mir ins Gewissen, bis es ein schlechtes Gewissen wurde: dem kleinen Martin gegenüber. War ich doch eine schlechte, eine unfähige Mutter?

Ich sagte meiner Mama: Ich bin eine schlechte, unfähige Mutter, ich gebe Martin zur Adoption frei, für ihn sei es... Sie ließ mich nicht ausreden, sie explodierte, schrie uns an, Holger war jetzt dabei. Sie hatte Tränen in den Augen. Bevor der Martin weggegeben wird, schmeiße sie eher uns aus der Wohnung. In dem Augenblick wusste ich, was aus ihr sprach. Sie hatte diese Erfahrung gemacht. Ihr hatte man das Kind weggenommen, als sie im Heim lebte, unseren Bruder Alli. Ich war plötzlich so froh über ihre Reaktion, sah mich an ihrer Stelle, nachdem sie mir Martin weggenommen hätten. Danke, Mama, dachte ich, und auch bei mir drückten die Tränen und hinterher fragte ich mich, wieso habe ich mich einschüchtern lassen von Holger. Wieso passiert mir das immer wieder, dass ich mich einschüchtern und beeinflussen lasse, anstatt mich auf mein eigenes Gefühl und meinen Verstand zu verlassen?

Martin blieb bei uns und es wurde nie wieder ein Wort darüber verloren. Auch Holger war still.

28. Mama im Gefängnis

Ein paar Monate später passierte etwas Grausames, und zwar in der Kneipe, in der meine Mutter arbeitete. Ihr Chef saß mit weiteren Männern an deren Stammtisch, darunter auch der Freund und Liebhaber seiner Tochter. Es war nach Feierabend, keine Gäste mehr im Lokal. Der Chef protzte mit einer Pistole, die er neuerdings bei sich trug. Er zog sie aus der Jacke, zeigte sie hoch und drehte sie spielerisch hin und her. Die Männer waren sehr interessiert. Klick und klack, die Vorführung der neuen Waffe ging eine Weile mit allen Einzelheiten weiter. Dann zog er das Magazin heraus und richtete nun den Pistolenlauf auf den Kopf des Liebhabers seiner Tochter. Der verzog skeptisch und humorvoll den Mund. Das war allerdings die letzte Sekunde seines Lebens. Der Chef drückte ab, es klickte nicht, wie erwartet, es krachte und der junge Mann sackte tot zusammen und das Blut strömte. Eine Patrone war vorher in den Lauf gelangt, die Waffe gespannt und entsichert. Der Todesschütze ergriff sofort die Flucht, verschwand wie ein Schatten. Ich war nicht dabei, aber meine Mutter hatte alles gesehen, auch das Blut, das über den Stammtisch lief.

Danach, es war Wochenende, die Kneipe war geschlossen und versiegelt. Mama, den Schreck noch in den Gliedern, war also zu Hause und Oma und Tante Klara kamen zu Besuch. Wir saßen am frühen Abend in der verspäteten Kaffeerunde noch alle am Tisch, als wir Rufe und das Getrappel von Stiefeln hörten. Mama und ich sprangen auf, liefen raus auf den Korridor und sahen, wie die Tür aufgetreten wurde. Wir blickten in die Läufe von Maschinenpistolen, hörten den Befehl: Hier ist die Polizei. Alle bleiben, wo sie sind! Keine Bewegung! Die Männer waren schwarz gekleidet und maskiert. Ein Sondereinsatzkommando auf der Jagd nach dem Chef meiner Mutter, dem Todesschützen. Mit ihren schussbereiten Waffen schienen sie mir sehr nervös und unberechenbar, sie drangen sofort in die Zimmer vor. Einer wollte in das Zimmer, in dem mein neun

Monate altes Söhnchen im Bett lag. Da drin schläft mein Baby!, schrie ich ihn hysterisch an, sonst ist da niemand! Der Mann öffnete die Tür mit Ellenbogen und Fuß, immerhin leise, dennoch die Waffe im Anschlag.

Es ging alles gut, sie durchsuchten die gesamte Wohnung. Mein Herz klopfte, ich zitterte, als ich Martin auf den Arm nahm. Es war einige Minuten wie im Krieg. Sie fanden den Mann nicht, auch nicht woanders, kurze Zeit später hat auch er sich selbst der Polizei gestellt. Die verschworene Gemeinschaft konnte ihm wohl kein Obdach, kein Versteck und keinen Schutz gewähren.

Zum Glück hat das Leben gezeigt, dass sich das Erlebnis im Köpfchen des kleinen Martin nicht festgesetzt hat. Der Junge litt später nicht unter wiederkehrenden Träumen von dunklen Gestalten, die ins Zimmer stürmen.

Holger war in Haft und wir hatten erneut Geldsorgen. Zu meinem Erstaunen war nun Fred wieder oft bei uns. Merkwürdig war, dass ständig junge Leute zu uns kamen, mit denen Fred etwas zu bereden hatte. Nach drei Monaten kapierte ich schlagartig, worum es ging. Fred, der Lebenskünstler, der Tänzer auf den Rollerblades, der hilfsbereite, nette, schwule Fred war Drogendealer und mit Mama ein Drogendealer-Duo. Unsere Wohnung war ein kleiner Drogen-Umschlagplatz, ein Büdchen, wo man Haschisch kaufen konnte, und ich mit dem kleinen Martin mitten drin. Ach Mama! Bis dahin hatte ich das nicht mitbekommen, war da aber schon hineingezogen. Denn als erneut die Polizei auftauchte, die Wohnung durchsuchte, musste auch ich mit aufs Polizeipräsidium. Und Martin?! Die Polizisten hatten eine klare Antwort: Das Jugendamt übernimmt ihn und bringt ihn solange in ein Heim. Solange? Wie lange? Was??? Komme auch ich ins Gefängnis? Nehmen sie ihn mir nun doch noch weg? Wenn die ihn einmal haben, geben sie ihn nicht wieder her! Ich schrie und weinte, verzweifelt rannte ich zur Nachbarin. Die rettete mich, bot an, Martin über Nacht zu sich zu nehmen, womit die Polizei einverstanden war. In mir keimte die Hoffnung, dass ich morgen wieder zu Hause sein könnte. Leute, ich war ahnungslos und unschuldig, ich hatte noch nie Drogen genommen, nicht mal welche gesehen oder dran gerochen!

Auf dem Präsidium war es wie in einem Krimi: Fingerabdrücke, Fotos von vorne, von rechts, von links. Urinprobe. Und dann fand ich mich zum ersten Mal im Leben in einer Gefängniszelle wieder. Das war ein Ort zum Nachdenken. Ich wünschte mir plötzlich ein Leben ohne diese kriminelle Bande von netten Menschen um mich herum. Ich wusste nur noch nicht den Weg heraus aus diesem Schlamassel. Aber ich würde ihn finden. Und wenn ich mich allein aus dem Sumpf ziehe, meinen Pferdeschwanz mit beiden Händen packe und mich herausziehe! Aber ganz ohne Hilfe würde das nicht gehen. Und meine Mama war in Haft. Und sowieso keine wirkliche Hilfe. Alle waren jetzt im Knast, Mama, Holger, Fred. Ich würde, wenn ich hier raus kam, mit Mary und dem kleinen Martin allein in der Wohnung sein. Abhauen? Wohin? Nach Spanien? Auch das war eine Illusion, wenn ich an Laras Freund auf der Yacht dachte, diesen José. Es waren die gleichen Typen, die gleiche Welt. Lara kam aus ihr. Immerhin hatte sie es in dieser Welt weit gebracht. Ich aber wollte weder Prostituierte noch Puffmutter werden. Lara hatte mich eher davor bewahrt.

In der Zelle war ich nicht allein. Die da auf ihrer Pritsche saß, kannte ich aus meiner früheren verrufenen Wohngegend. Sie sah mich neugierig an, erkannte mich dann auch. Aus meinem Schulterzucken auf ihre Frage, wieso ich hier sei, schien sie falsche Schlüsse zu ziehen, holte ein winziges Päckchen irgendwoher aus ihrer Kleidung wollte es mir reichen. Oder mit mir teilen. Zum ersten Mal sah ich ein Päckchen Haschisch. Der Blick eines Wärters oder Polizisten in diesem Augenblick hätte mich erneut verdächtig gemacht. Ich erschrak schon bei dieser Vorstellung. Dass ich ablehnte, verstörte meine Mitinsassin und sie laberte mir die Ohren voll. Dann war sie still und ich muss eingeschlafen sein auf dieser Pritsche, bequem wie ein Brett, mit einer grobwolligen, kratzenden und stinkenden Decke.

Am nächsten Morgen gab's eine undefinierbare Brühe im Plastikbecher und eine Scheibe Brot mit Frischkäse, der schon getrocknet und rissig war. Ich rührte beides nicht an, wurde dann zum Verhör geführt. Meine Urinprobe hatte für mich gesprochen und sie merkten auch bald, dass ich wirklich keine Ahnung hatte von den Geschäften meiner Mama. Gegen Mittag durfte ich gehen, lief gleich zur Nachbarin und holte Martin ab, bedankte mich tausendmal für ihre Hilfe in der Not. In der Wohnung war es seltsam still, ich war mit meinem Kind allein. Mary war auch nicht da, in der Schule war sie sicher nicht. Ich machte mir keine Gedanken, die kreisten um Mama. Wie kann sie mir helfen, wie kann sie mich beschützen, wenn sie im Knast sitzt?! Irgendwann tauchte Mary doch auf.

Nach einer gewissen Zeit durften wir Mama besuchen, wöchentlich einmal. Wir konnten ihr auch Pakete mit Lebensmitteln zuschicken. War das ein blödes Gefühl die ganze Zeit: unsere Mutter im Gefängnis! Wenn sie uns dort gegenüber saß, wirkte sie cool, als wäre sie nach einem Autounfall im Krankenhaus gelandet und käme nach einigen Wochen wieder raus. Aber es handelte sich um eine Straftat und um ein Haftanstalt, in der sie Monate bleiben würde. Ihre coole Art war wohl gespielt, um uns nicht noch mehr zu beunruhigen. Und natürlich hatten wir Mithörer bei diesen Besuchen. Ihre Briefe wurden gelesen und waren deshalb ungewohnt liebevoll und zuversichtlich abgefasst. Auch unsere Post an Mama lasen die Beamten und wir schrieben ihr ebenfalls nicht alles, was wir wirklich fühlten und dachten. Was in ihr vorging, während wir zuhause unser Leben ohne sie gestalteten, blieb verborgen. Unser Alltag und mein Leben mit meinem Söhnchen Martin nahm ganz neue Formen an.

Als ich mit Mary und ohne Mama zusammenlebte und mich um Martin kümmerte, wurde mir bewusst, wie wenig wir beiden

Mädchen voneinander wussten oder wie weit wir voneinander entfernt waren trotz der beständigen Nähe in unserer Kindheit. Mary hat das alles auch erlebt und es ist wohl kein Wunder, dass das Ergebnis unserer Nichterziehung trotz unserer Verschiedenheit dasselbe war: Auch Mary blieb zweimal sitzen und ohne Schulabschluss. Als sie fünfzehn war, zog sie aus, verschwand zeitweise aus meinem Gesichtskreis. Ich habe es anfangs schon erwähnt: Wirklich nahe kamen wir uns erst nach dem Tod unserer Mutter und so ist es bis heute geblieben.

29. Mein realistischer Traum

In jener Zeit, als ich für Mama unerreichbar war, nämlich in Freiheit, merkte ich, dass ich endgültig kein Kind mehr war. Der kleine Martin brachte es mir auf seine Weise bei. Auch das Jugendamt meldete sich nie wieder. Ich glaube, sie waren damals froh, diesen Fall los zu sein, denn mein neuer Freund Wolfgang war achtzehn Jahre alt. Falls sie es mitbekommen hatten, gingen sie wohl davon aus, dass er sie ersetzen könnte. Tatsächlich lebten wir bald wie eine junge Familie. Die Geschichte mit Wolfgang, die über vier Jahre ging, will ich hier nicht erzählen, vielleicht später. Meine Kindheit war zu Ende, ich eine junge Frau. Nur soviel voraus: Wir waren verlobt und fast hätten wir auch geheiratet. Das Beste an ihm war, dass er meine Lage verstand, mich ernst nahm, nicht in die Ecke der Verworfenen stellte, sondern erkannte, was mir fehlte und warum. Ich glaube, dass das die Liebe machte. Er liebte mich. Und er war überzeugt, dass ich ohne Schwierigkeiten den verpassten Schulabschluss auf der Volkshochschule nachholen könnte.

Zunächst aber war es damals ein Amt, das mir half. Auch ein Amt besteht ja doch irgendwie aus Menschen. Nein, es war nicht das Jugendamt, es war das Arbeitsamt, das mich zu einem Ferienjob einlud. Ein Ferienjob, obwohl ich nicht mehr zur Schule ging! Ich ergriff diese Chance und daraus entwickelte sich mein ganzes weiteres Leben…

Als meine Mama später wieder zuhause war, begriff sie bald, dass ich einen anderen Weg gehen würde als sie und sie mir dabei helfen konnte. Sie hatte erfahren, wie es ist, wenn sie einer Mutter das Kind wegnehmen. Mein kleiner Martin aber lebte bei uns, sein Leben hatte ich gerettet. Mit einer gewissen Freude und geläuterter Bereitschaft nach ihren Monaten im Gefängnis übernahm sie die Aufgabe, ihn zu betreuen, damit er mir nicht weggenommen werden konnte.

Ich träumte wieder meinen Traum von Familie und präzisierte ihn altersgemäß, also noch etwas kitschig, aber nicht unrealistisch: Ich träumte davon, irgendwann in einem Büro zu arbeiten und meinen Chef zu heiraten. Zumindest der erste Teil des Traums hatte etwas Handfestes. Der zweite Teil war noch ein wenig der Mädchenvorstellung von dem erlösenden Prinzen geschuldet, der Wolfgang nicht war und nicht sein konnte. Aber dafür, dass er mir damals Mut machte und den entscheidenden Impuls gab, mir vertraute und ein Gefühl der Sicherheit gab, danke ich ihm noch heute. Geheiratet habe ich später einen anderen.

Der Prinz ist in jedem Fall nur ein Mann. Frau und Mann, das kann gut werden und es war lange gut mit meinem Ehemann und mit Oliver, unserem Sohn, meinem zweiten Kind. Eine Scheidung ist, bei aller Bitternis, so wenig eine Katastrophe wie eine Schwangerschaft mit vierzehn, so wenig eine Katastrophe wie die Pleite eines lange erfolgreichen Unternehmens. Man hat immer wieder etwas vor sich.

Nun sitze ich hier – mit über dreißig Jahren Abstand und über dreihundert Kilometern Entfernung von den Orten dieser Ereignisse, die mich zum Weiterschreiben drängen. Denn es ist noch lange nicht alles gesagt. Beginnen würde ich vielleicht mit Martins Taufe, die wir glatt vergessen hatten. Nein, vergessen ist das falsche Wort. Es gab überhaupt keinen Gedanken daran, dass das Kind getauft werden müsste – bis die Oma kam.

FischerLautner-Verlag GbR
Siemensstr. 22
71254 Ditzingen
Fon (0 71 56) 9 37 20-0
Fax (0 71 56) 9 37 20-18
info@fischerlautnerverlag.de

Persönliche Bücher

Ihre Lebensgeschichte,
Reiseerinnerung,
Fest- und Jubiläumsschrift

– ab einem Exemplar!

Romane • Biographien • Erzählungen

www.fischerlautnerverlag.de